Kommunale Anleihen.

Verhandlungen der

„Besprechung über kommunale Anleihen"

Nürnberg, 12. September 1899.

Auf Grund stenographischer Aufzeichnungen

herausgegeben von

Dr. J. Jastrow
Privatdozent an der Universität Berlin, Stadtrat in Charlottenburg.

Mit 7 Anlagen (Tabellen, Statuten etc.) und Sachregister.

Berlin.
Druck und Verlag von Georg Reimer.
1900.

Vorwort.

Die „Besprechung über kommunale Anleihen", die am 12. September 1899 in Nürnberg stattgefunden hat, ist in der Tagespresse Gegenstand einer umfangreichen und teilweise einander widersprechenden Berichterstattung geworden. Bei dem Interesse, das die Angelegenheit gefunden hat, erschien die Veröffentlichung eines stenographischen Berichtes angemessen. Um einen die Lektüre erschwerenden allzu grossen Umfang zu verhüten, wurden blosse Bemerkungen zur Geschäftsordnung u. ä. (mit Zustimmung der betreffenden Herren Redner) weggelassen, die gehaltenen Reden selbst jedoch in vollem Umfange nach der stenographischen Niederschrift wiedergegeben. Da die Veröffentlichung in erster Linie für das Bedürfnis der Praxis nach Orientierung über den Stand der Anleihefrage bestimmt ist, so sind die Ergebnisse der veranstalteten Umfragen über Bank-Konsortien, über Darlehen auf Schuldscheine etc. in den Anlagen wiedergegeben, ebenso ein Verzeichnis der in den letzten Jahren an den Markt gelangten städtischen Anleihen nebst Zinsfuss und Börsenerfolgen, das Statut der im Königreich Sachsen bereits bestehenden Kommunalbank u. a. m.

Die weitere Erörterung über kommunale Anleihen scheint in Deutschland den Verlauf zu nehmen, dass in den Städtetagen der einzelnen Gegenden zunächst einmal die thatsächlichen Verhältnisse (namentlich auch in den mittleren und kleineren Städten) im Wege der Enquête festgestellt werden. Solche Anregungen sind bereits innerhalb des brandenburgischen und des pfälzischen Städtetages ergangen; ähnliches ist dem Vernehmen nach in Schlesien in Vorbereitung. Aus diesen Gründen ist die einzige bis jetzt vorliegende derartige Arbeit, die des hessen-nassauischen Städtetages, in den Anlagen in vollem Umfange abgedruckt. Eine ausführliche Bearbeitung des einschlägigen Materials über den städtischen Anleihemarkt und seine Organisation soll demnächst in Conrads „Jahrbüchern für Nationalökonomie und Statistik“ erscheinen.

Bei den Einladungen zur Konferenz war den Teilnehmern ein amtlich festgestellter Bericht zugesagt worden. Um dieser Verpflichtung nachzukommen und gleichzeitig den Teilnehmern die ausführliche Darstellung zugänglich zu machen, wurde mit dem ersten Vorsitzenden der Konferenz, dem Herrn Bürgermeister Jaeger-Nürnberg, die Vereinbarung getroffen, dass ihm die vorliegende Darstellung in allen ihren Teilen zur Durchsicht vorgelegt wurde, so dass sie gleichzeitig die Stelle des amtlich festgestellten Berichts vertritt. Der Text jeder einzelnen Rede hat dem betreffenden Redner zur Nachprüfung und Korrektur vorgelegen.

Charlottenburg-Berlin im Januar 1900.
Berlinerstr. 131 (Garten)

Der Herausgeber.

Inhalts-Verzeichnis.

Anlagen.

Beginn $10^1/_4$ Uhr.

Dr. **Jastrow**-Charlottenburg: M. H.! Als Unterzeichner der Einladungsschreiben habe ich die ehrenvolle Pflicht, Sie an erster Stelle willkommen zu heissen.

Der Gedanke zu einer Zusammenkunft wie der heutigen ist aus privaten Gesprächen hervorgegangen, in denen angesichts der Schwierigkeiten auf dem Geldmarkte sich herausstellte, dass die Verwaltungsmänner jeder einzelnen Gemeinde im grossen und ganzen nur über deren Erfahrungen, nicht aber über diejenigen der anderen Gemeinden orientiert waren. Es stellte sich heraus, dass das Bedürfnis nach einer solchen Orientierung vorhanden war. Diese war ursprünglich geplant in Gestalt einer ganz zwanglosen Zusammenkunft, und es war ein Ergebnis über Erwarten, dass auf die erste, zunächst noch vertrauliche Anfrage eine ziemlich grosse Reihe zustimmender Antworten einlief. Als dann der Stadtmagistrat Nürnberg in liebenswürdigem Eingehen auf diese Pläne sich zu jeder Förderung an Ort und Stelle bereit erklärte und auch die Museumsgesellschaft den Raum zur Verfügung stellte, in dem wir gegenwärtig zu tagen die Annehmlichkeit haben, nahm die Zahl der Anmeldungen noch in erheblichem Masse zu.

Niemand von uns wird freilich an unsere heutige Besprechung die grosse Erwartung knüpfen, dass wir die Probleme, die die städtischen Anleiheverwaltungen bieten, etwa lösen werden. Trotz der grösseren Beteiligung sind wir doch das geblieben, was ursprünglich beabsichtigt war; eine Zusammenkunft, die in keiner Weise etwas anderes beabsichtigt, als die gegenseitige Belehrung. Dass wir nicht etwa hier versammelt sind, um irgend welche bindenden Beschlüsse zu fassen, geht schon aus der äusserlichen Thatsache hervor, dass die Anregung hierzu rein privaten Charakters gewesen ist.

Freilich, nachdem die Beteiligung grösser geworden ist, als wir ursprünglich dachten, werden wir trotz der Zwanglosigkeit, die wir ja nicht zu opfern brauchen, doch gewisse Formen nicht entbehren können, und es wird immerhin nötig sein, uns auch äusserlich zu konstituieren.

Indem ich damit die Besprechung über kommunale Anleihen für eröffnet erkläre, habe ich nur noch die eine Pflicht, Sie zu bitten, Vorschläge für die Wahl eines Präsidiums zu machen.

Es werden zu Vorsitzenden gewählt: Bürgermeister Jäger-Nürnberg und Dr. Jastrow-Charlottenburg, zu Schriftführern: Bürgermeister Becker-Nordhausen und Rechtsanwalt Dr. Hans Hoffmann-Berlin, und folgender Antrag zur Geschäftsordnung angenommen:

„1. Die Meldung zum Worte geschieht schriftlich, unter Angabe von Namen, Stand und Wohnort. Der Vorsitzende benennt jeden Redner ebenfalls mit Namen, Stand und Wohnort.

2. Jeder Redner spricht vom Rednerpulte aus.

3. Am Schlusse der Verhandlungen erstattet der Vorsitzende oder ein von ihm zu bestimmendes Mitglied ein Resumé über den Gang der Verhandlungen."

I. Vorsitzender Bürgermeister **Jäger**-Nürnberg: Meine sehr geehrten Herren! Ich möchte vor allem der Pflicht mich entledigen, Sie namens des Ortsausschusses Nürnberg und nicht weniger namens der Stadt Nürnberg selbst und ihrer Vertretung, in unserer Stadt, in der Sie für wenige Tage Ihre Zelte aufgeschlagen haben, recht herzlich willkommen zu heissen. Ich hoffe, dass Sie sich wohl fühlen werden in der Stadt Nürnberg. Es ziemt mir nicht, ihre Reize Ihnen des näheren auseinander zu setzen, Sie werden sie selbst vielleicht empfinden, Sie werden vielleicht auch sehen, wo es irgendwie und irgendwo fehlen mag. Jedenfalls hoffe ich, dass der Aufenthalt hier in Nürnberg Ihnen Freude bereiten wird.

Es war, wie mir scheint, ein glücklicher Gedanke, mit der diesjährigen Tagung des Vereins für öffentliche Gesundheitspflege eine Besprechung über die zweckmässigste und vorteilhafteste Art der Begebung kommunaler Anleihen zu verbinden. Gerade die Aufgaben der öffentlichen Gesundheitspflege, die Pflichten, die das allgemeine Wohlergehen den Städten auferlegt, erheischen von ihnen die allergrössten Opfer. Hierzu bedarf es gesunder Finanzen, und die Frage, wie es anzustellen sei, dass dieser Organismus kräftig und lebensfähig erhalten werde, dass die Ärzte, die seiner Behandlung sich annehmen, ihm nicht etwa allzu viel Blut abzapfen (Heiterkeit) — diese Fragen stehen mit Recht im Vordergrunde des Interesses der Gemeinden. Fast alle Gemeinden, grosse wie kleine, sind an diesen Fragen gleichmässig beteiligt.

Freilich kann es sich nicht, wie heute schon gesagt wurde, darum handeln, eine allgemeine massgebliche Diagnose zu stellen, bindende Beschlüsse zu fassen; es können nur Anregungen gegeben und empfangen werden, es können Leitsätze aufgestellt werden, die, an sich unverbindlich, vielleicht die Grundlage eines weiteren gemeinsamen Vorgehens bilden werden.

In diesem Sinne glaube ich, die Aufgabe unserer Versammlung auffassen zu sollen, und in diesem Sinne glaube ich, mit Ihnen einer Meinung zu sein. Ich würde nur wünschen, dass diese Aufgabe recht schön und recht erfolgreich für alle Gemeinden, die sich für die Sache interessieren, gelöst werden möge.

Nun, m. H., würde ich Sie bitten, zu der Tagesordnung selbst überzugehen, die bereits in Ihren Händen ist. Wenn sich kein Widerspruch erhebt, würde ich vorschlagen, Punkt 1 und 3 zu kombinieren, sowie später 2 und 4, also zu beginnen mit den beiden Punkten:

a) **„Die neueste Entwickelung des kommunalen Anleihemarktes, insbesondere die Konsortien der Kreditbanken“,**

b) **„Gewährt die Zusammenschliessung der Kreditbanken den Gemeinden auch Vorteile?“**

Die Versammlung scheint damit einverstanden zu sein. Dann würde ich den Wunsch aussprechen, dass die Herren, die hierzu das Wort nehmen, alles, was sich auf veränderte Organisation bezieht, dem zweiten Teile der Debatte überlassen.

Es sind zu jenen beiden Punkten schon eine Reihe von Rednern angemeldet. Allein ich meine, Ihnen doch zunächst noch einen Vorschlag machen zu sollen und der ginge dahin, dass wir vielleicht zuvor eine Entwickelung uns geben lassen durch den Herrn Einberufer der Versammlung. (Beifall.) Das würde ich für zweckdienlich halten. Es würden sich daran die Ausführungen der anderen Herren über ihre persönlichen Erfahrungen, über das, was sie vorzubringen haben, anschliessen können. (Beifall.)

Wenn das genehm ist, würde ich Herrn Dr. Jastrow ersuchen, in dieser Richtung uns in Kürze die neueste Entwickelung zu erklären.

Dr. **Jastrow**-Charlottenburg: M. H.! Herr Bürgermeister Jäger hat in einer gestrigen Vorbesprechung bereits die Güte gehabt, mich auf die Notwendigkeit einer kurzen Einleitung aufmerksam zu machen, und ich habe mir daher die hauptsächlichsten Punkte, von denen ich annehme, dass sie vor Beginn der eigentlichen Debatte den einen oder den anderen der Herren Teilnehmer interessieren können, zusammengestellt.

Ausgegangen ist diese Besprechung von ganz augenblicklichen Erscheinungen des Geldmarktes, insbesondere von einer Erscheinung, die zwar nicht gänzlich neu, aber in dem Masse und der Art früher nicht beobachtet worden war: das waren die Konsorten mit einheitlichen Offerten. Dadurch, dass bei den Anleihen der letzten Jahre Konsortien auftraten, die ihre Offerten einheitlich und geschlossen abgaben, war für die Städte die Auswahl verengert. Es ging dies so weit, dass manchmal die Städte überhaupt keine Wahl hatten, sondern sich nur einer einzigen Offerte gegenüber sahen.

Zunächst stand man dieser Zusammenschliessung gegenüber wie einer elementaren Macht, deren man sich nicht zu erwehren weiss, und, m. H., wenn man in der Praxis garnichts zu machen weiss, dann wendet man sich schliesslich an den gänzlich verachteten Theoretiker und fragt ihn, ob er nicht etwas wisse. Aber, m. H., wo die Praxis keine Erfahrungen bietet, weiss der Theoretiker auch nichts, denn für die Finanzwissenschaft giebt es keine andere Quelle als die Praxis.

Nachdem daher der Gedanke, dass wir hier eine Besprechung halten sollten, der Ausführung näher gerückt war, meinte ich, dass trotz der Kürze der Zeit es notwendig wäre, wenigstens das zu schaffen, was den Praktiker und die Theorie mit einander verbindet: die Feststellung der Thatsachen. In aller Eile wurde daher ein Rundschreiben verschickt, um einmal festzustellen, ob denn wirklich die Konsortien in so grosser Zahl und in solcher Geschlossenheit auftreten, und was für Konsortien es giebt. So viel wie aus den eingegangenen Antworten zu ersehen war, wurde dann geordnet und in die gedruckte Übersicht gebracht, die gegenwärtig sich in Ihren Händen befindet.*)

Ich verstehe nun die Vorschläge zur Tagesordnung, die unser Herr Vorsitzender gemacht hat, so, dass wir gegenwärtig, zu Punkt a und b, uns nur beschäftigen mit dem Anleihemarkt, wie er gegenwärtig ist. Ich werde daher über die Möglichkeit, den Anleihemarkt anders zu organisieren, kein Wort verlieren, sondern Vorschläge oder Ideen zu etwaigen andern Organisationen würden zu der Beratung über die Punkte d und e gehören. Ich halte mich also genau daran, nur den Anleihemarkt zu charakterisieren, wie er in bezug auf die Spezialfrage, die uns zunächst beschäftigt, gegenwärtig ist und was sich etwa ohne organisatorische Veränderungen thun lässt.

Die Enquete stellte die Frage nach den letzten drei Anleihen jeder Stadt. Daher berichtet jede Stadt über einen verschiedenen Zeitraum. Manche, die in der letzten Zeit fast gar keine Anleihen aufgenommen hatten, greifen sehr weit zurück, während bei anderen die drei jüngsten Anleihen in die letzte Zeit fallen. Trotz aller dieser Unvollkommenheiten, die ja selbstverständlich einer so eilig gemachten Zusammenstellung anhaften müssen, die bloss mit Fragebogen arbeitet, kann man doch sich auch nach diesen vier Blättchen einen ungefähren Überblick über die Art der Bankkonsortien verschaffen, die heute bestehen.

*) Anlage 1.

Da sehen wir nun, dass wir dreierlei verschiedene Arten von Konsortien zu unterscheiden haben. Die erste Art entsteht dadurch, dass die Bank, die die Anleihe übernommen hat oder übernehmen will, sich ihrerseits deckt durch Beziehungen zu anderen Banken. Ein solches ganz harmloses Verfahren finden Sie typisch z. B. bei der Stadt Konstanz. Die Stadt Konstanz hat ihre Anleihe einem Hause übergeben; dieses Haus wollte Deckung haben und setzte sich mit anderen in Verbindung. Diesen Vorgang kann man am besten vergleichen mit einem anderen Vorgang des geschäftlichen Lebens, mit der Rückversicherung, und er ist hier wie da ein durchaus solider Vorgang. Wie nun die Rückversicherung dadurch anticipiert werden kann, dass die Gesellschaft, statt allein die Versicherung zu übernehmen und nachher zu repartieren, von vornherein gleich andere sucht, die das Risiko mit ihr teilen; wie sich also in dem Versicherungsgeschäft aus der Rückversicherung die Mitversicherung entwickelt, so entwickelt sich hier aus der nachträglichen Beteiligung die Kooperation. Auch dieses ist ein durchaus solider und wünschenswerter geschäftlicher Vorgang. Als typisches Beispiel nenne ich dafür Braunschweig, wo sich in den Jahren 1887 (5 Mill.) und 1891 (3 Mill.) sämtliche Bankhäuser der Stadt Braunschweig zusammengethan haben, um, was für die eine zu schwer war, auf die gemeinschaftlichen Schultern zu nehmen, und wo sie, als im letztgenannten Jahre die Gemeinde noch einmal mit einer Dreimillionen-Anleihe an den Markt trat, die benachbarte Hildesheimer Bank noch dazu nahmen.

Eine Änderung würde erst in einem dritten Stadium eintreten, wenn nämlich Banken sich nicht hauptsächlich zu dem Zwecke zusammenschliessen, um zusammengeschlossen zu sein, sondern um andere auszuschliessen; das heisst also: der kritische Punkt tritt dann ein, wenn Banken zusammentreten und dabei die Tendenz haben, alle Bankhäuser zu umfassen, die augenblicklich überhaupt die Neigung haben, auf Anleihegeschäfte einzugehen. Erst bei diesem Punkte pflegt man von einer „Ringbildung“ zu sprechen, und erst dann beginnt das Interesse des anderen Partners, des Dahrlehnsnehmers, ein wachsames Auge zu haben. Im einzelnen Falle zu sagen, ob wirklich eine Ringbildung vorliegt — d. h. eine solche Geschlossenheit, dass Ihre Kraft ausreicht, andere auszuschliessen, also ein Ring, der im wesentlichen alle die Banken umfasst, die nach der augenblicklichen Lage ihrer eigenen Geschäfte überhaupt die Neigung haben, auf Anleihen einzugehen — darüber auch nur mit einiger Bestimmtheit sich zu äussern, ist sehr schwer. Es ist aber auch gar nicht meine Aufgabe. Als Aufgabe dieses einleitenden Referats kann ich nur betrachten, die Gesichtspunkte darzulegen, die für die Beurteilung in Betracht kommen, die Entwickelungstendenzen darzulegen, ohne dass darum gesagt ist, dass die Darlegung einer Entwickelungstendenz schon beweise, dass die Entwickelung ihr Ziel erreiche. Da dürfte nun zunächst ein rein äusserliches Moment zu beachten sein: die Zahl der koalierten Banken. Es sind nicht mehr, wie Sie aus früherer Zeit lesen in der Zusammenstellung, zwei Banken, die sich zusammengethan haben, oder drei oder vier, sondern im Jahre 1899 sind folgende Zahlen hervorgetreten: in Barmen waren es 6 Banken, in Elberfeld 9, in München 9, in Mannheim 10, in Charlottenburg 12. — Höchst bezeichnend ist in dieser Beziehung der Vorgang von Charlottenburg, über dessen interessante Erfahrungen wir jedenfalls aus berufenerem Munde in der Debatte noch Genaueres hören werden. In Charlottenburg lag es so, dass die beteiligten Banken sich mit Ausnahme einer einzigen zusammengeschlossen haben zu einer einheitlichen Offerte, dass aber die einzige, die nicht mitmachte, überhaupt keine Offerte abgegeben hat, sodass der Effekt derselbe war, wie der eines geschlossenen Ringes. Andererseits sehen Sie z. B. an den Erfahrungen der Stadt Köln ein Beispiel, wie eine Stadt mit Konsortien sehr gut fahren kann, wenn die Konsortien nämlich nicht so weit gehen, dass sie alle einschliessen, sondern dass mehrere Konsortien neben einander stehen.

Das sind die verschiedenen Arten der Konsortien, die wir namentlich in den letzten Jahren beobachten konnten. Nun ist die Frage, wie man diese Konsortien einzeln charakterisieren kann, und da, meine ich, ist es ein ganz vergebliches Bemühen, etwa anatomische oder physiologische Merkmale herauszusuchen, nach denen wir diese Konsortien so oder so klassifizieren können. Wer diese Dinge verstehen will, der muss überhaupt nicht die Form des Konsortiums in Betracht ziehen — diese Konsortien sind meistens sehr formlos — sondern er muss sich direkt fragen: Welches sind denn die Banken, die in den Konsortien stecken? Und da giebt es noch eine Thatsache, die, wenn auch ebenfalls nicht neu, so doch erst in der letzten Zeit mit besonderer Deutlichkeit hervortrat, und die gerade aus dem kleinen gedruckten Überblick ziemlich gut hervorgehen wird, ich meine die Thatsache, dass es gegenwärtig überwiegend dieselben Banken sind, die in den massgebenden Konsortien vorkommen. Die Bank, die am allermeisten sich jetzt auf kommunale Anleihegeschäfte gelegt, die sie zwar schon früher immer gemacht hat, aber jetzt in grossem Massstabe, ist — das geht nun aus der Übersicht auch für den hervor, der es früher etwa noch nicht beobachtet hatte — die Königliche Seehandlung in Berlin. In unserer kleinen und selbstverständlich noch sehr unvollständigen Übersicht kommt die Königliche Seehandlung in folgenden 15 Städten vor:

Augsburg, Barmen, Berlin, Charlottenburg, Dessau, Elberfeld, Erfurt, Freiburg i. B., Karlsruhe, Kiel, Kottbus, Magdeburg, Pforzheim, Stettin, Wiesbaden.

Sie sehen also, m. H., es giebt keine Gegend Deutschlands, in der nicht die Seehandlung Geschäfte in städtischen Anleihen macht. Die Seehandlung steht an der Spitze oder ist wenigstens ein hervorragendes Mitglied des sogenannten Preussenkonsortiums. Das Preussenkonsortium umfasst — man kann sagen — ziemlich alle grossen Berliner Aktienbanken: die Deutsche Bank, die Nationalbank für Deutschland, die Diskontogesellschaft u. s. w., kurzum die grossen renommierten Aktienbanken, ausserdem angesehene Häuser wie S. Bleichröder, Mendelssohn & Co., Delbrück, Leo & Co., Born & Busse, F. W. Krause & Co. u. a. m. Dazu kommt, dass andere Banken, die als Darlehnsgeber auftreten, thatsächlich der Finanzierung nach mit der einen oder andern der genannten identisch sind. So finden wir z. B. die Breslauer Diskontobank an solchen Geschäften beteiligt. Diese ist aber nichts anderes als die Nationalbank für Deutschland, deren Adoptivkind sie ist. Diese beiden wurden zusammengehalten durch das frühere Bankhaus Jacob Landau, das an beiden in hervorragendem Masse beteiligt war, und eine verschiedene Bankpolitik dieser drei — oder wie ich hier in diesen Tagen hörte, beschäftigt sich auch die Bayerische Bank mit solchen Anleihegeschäften — also, sagen wir, eine verschiedene Bankpolitik dieser vier Häuser, die vollkommen zusammengehören, ist ganz ausgeschlossen; diese vier Häuser sind ganz genau dasselbe in bezug auf ihre Bankpolitik, und die Bankpolitik ist das einzige, was die Städte an diesem Punkte interessiert. Sie finden Offerten vom Schaaffhausenschen Bankverein und solche von Delbrück, Leo & Co. In bezug auf die Bankpolitik konnten diese nicht verschieden sein zu der Zeit, als sie auf das engste mit einander verbunden waren. Die Identität der Gesellschaften, die auf dem städtischen Anleihemarkt auftreten, ist also sehr viel grösser, als sie aus der blossen Firmenübersicht hervorgeht.

Dass in einer solchen Zusammenschliessung für den Darlehnsnehmer eine Gefahr liegen k a n n, wird von keiner Seite bestritten werden, wie denn nicht bloss auf dem Geldmarkte, sondern auf jedem Markte ein Zusammenschliessen des einen Teils den andern Teil veranlassen muss, ein sehr wachsames Auge darauf zu haben, ob nicht durch die Verengerung des Marktes seine Interessen geschädigt werden. Auf der andern Seite darf man aber nicht soweit gehen, immer eine Ringbildung oder eine Konsortialbildung im allgemeinen als etwas für den Darlehnsnehmer Sachwidriges zu betrachten, sondern wir müssen die verschiedenen Seiten der Sache nebeneinander abwägen. Aus diesem Bedürfnis heraus war die Absicht hervorgegangen, die Frage, welche Vorteile die Konsortialbildung unter den Kreditbanken den Städten gewährt, einem besonderen Referenten zu übertragen. Herr Stadtverordneter M o l l - Charlottenburg, der dieses Referat erstatten wollte, ist zwar am Erscheinen verhindert. Er hatte aber die Güte, einen Brief hierher zu richten, den man wohl als ein schriftliches Referat betrachten darf, und dessen Hauptinhalt ich — mit Erlaubnis des Herrn Vorsitzenden — zur Kenntnis der Versammlung bringen möchte:

„Der Aufschwung der Industrie und die dadurch beschleunigte Umwandlung von Privatbetrieben in Aktien-Gesellschaften hat bekanntlich auch einen grossen Teil des Publikums, das bis dahin Abnehmer der auf den Markt gebrachten Staats-, Provinzial-, Stadt-Anleihen und Bodenkreditpfandbriefe war, veranlasst, seine disponiblen Gelder in Industrie-Aktien anzulegen, in der Hoffnung, abgesehen von Kurs-Gewinnen auch höhere Zinsen-Einnahmen zu haben. Der bisherige Erfolg hat diesen Massnahmen Recht gegeben, und obwohl viele die hiermit verbundene Gefahr nicht leugnen, doch immer weitere Kreise zur Nachahmung veranlasst. Im Zusammenhange auch hiermit steht der allmähliche Rückgang der Kurse der fest verzinslichen Papiere, unter denen die städtischen Anleihen am meisten insofern gelitten haben, als hierfür, selbst zu den gewichenen Kursen, kaum noch irgend welcher Begehr ist. Der Berliner Kurszettel hat für ungefähr 125 Stadt-Anleihen Rubriken, und seit längerer Zeit sind bei mindestens 100 davon Notizen gar nicht mehr angegeben. Für diese Erscheinung, die um so auffallender ist, als nach der augenblicklichen Finanzlage vieler Städte, deren Anleihen in der Sicherheit den Staats-Anleihen nicht nachstehen, müssen wichtige Gründe vorhanden sein, und ich glaube, es sind folgende.

Staats-Anleihen werden an allen Börsenplätzen gehandelt; die Nachfrage ist immer vorhanden und die grössten Summen sind stets verkäuflich. Bei Bodenkreditpfandbriefen ist dies schon weit weniger der Fall; aber hier treten doch sehr häufig im eigenen Interesse die betreffenden Institute selbst als Käufer auf, um die Kurse nicht zu sehr fallen zu lassen und um sich bei Ausgabe neuer Pfandbriefe das Geschäft nicht zu erschweren. Bei städtischen Anleihen aber (vielleicht ausgenommen die wenigen grossen Städte) ist es häufig oder vielmehr in der Regel der Fall, dass selbst kleinere Summen an einem Börsentage nicht verkäuflich sind, weil die betreffenden Städte die Papiere nicht aufnehmen können und andere Interessenten nicht vorhanden sind. Die Sparkassen, die vorübergehend ihre flüssigen Gelder hierin anlegen und bei Angeboten in erster Linie die Abnehmer sein könnten, thun es auch nicht; und mit Recht, denn auch sie kommen bei Geldbedarf in Verlegenheit, wenn sie die Anleihen wieder veräussern wollen. Seit Jahren werden diese Wahrnehmungen gemacht, und das Übel wird natürlich immer grösser, je mehr städtische Anleihen an den Markt gebracht werden. Wie sehr letzteres der Fall ist, beweisen folgende Zahlen. An der Berliner Börse kamen zur Einführung

1897	im	1. Semester	M.	30 970 000
1897	„	2. „	„	37 350 000
1898	„	1. „	„	32 740 000
1898	„	2. „	„	44 850 000
1899	„	1. Semester allein	„	149 219 000

städtische Anleihen. Ich bemerke, dass hierbei auch die Anleihen von Hamburg, Bremen und Lübeck inbegriffen sind, die ich als Stadt-Anleihen ansehe.

Wenn bisher verschiedene Bankengruppen vorhanden waren, die unabhängig von einander Gebote auf städtische Anleihen abgegeben haben, so haben sie doch allmählich aus den oben angegebenen Gründen eingesehen, dass es, sollen Stadt-Anleihen überhaupt noch annähernd ihrem inneren Werte nach untergebracht werden, so nicht weitergeht, dass vielmehr allmählich wieder ein Markt für diese Papiere geschaffen werden muss, d. h. dass die grossen Bank-Institute und Bankhäuser ein gemeinschaftliches Interesse für diese Papiere zeigen und es dahin bringen müssen, dass auch für angebotene grössere Summen immer Abnehmer an der Börse vorhanden sind. Wird dieses dem Publikum erst klar, sieht es auf dem Kurszettel bei Stadt-Anleihen nicht nur Striche, sondern Notizen, dann, meine ich, wird es diese Papiere den andern fest verzinslichen, erstklassigen gegenüber nicht so, wie bisher, vernachlässigen. Dass dieses nicht auf einmal zu erreichen, liegt auf der Hand, ebenso dass, um dieses Ziel zu erlangen, die Städte in ihrem eigenen Interesse, ob sie wollen oder nicht, werden Opfer bringen müssen. Je nach dem Stande des Geldmarktes werden diese grösser oder kleiner sein, aber begonnen muss damit werden (der Anfang ist eigentlich schon gemacht), dem Publikum die Stadt-Anleihen im Vergleiche zu den Konsols billiger als bisher anzubieten, sei es gleich durch Gewährung eines höheren Zinsfusses oder durch einen erheblich niedrigeren Kurs. Nur auf diese Weise wird sich das Publikum wieder an städtische Anleihen gewöhnen lassen, und je grösser die Nachfrage und die Umsätze darin sein werden, um so schneller ist wieder der langersehnte Markt für diese Papiere da, und das Interesse hierfür wird schliesslich in den Kursen Ausdruck finden.

Ich gebe unumwunden zu, dass das Zusammengehen der grossen Bank-Institute lediglich im eigenen Interesse und nicht aus Wohlwollen für die Städte geschehen ist. Aber das gegenseitige Unterbieten bei Übernahme von Anleihen, das Ausbleiben von Abnehmern hat die Banken, denen es in erster Linie auf den schnellen Umsatz und Verdienst ankommen muss, in den letzten Jahren geschädigt, und ich glaube, schliesslich wäre es dahin gekommen, dass die meisten Städte auf ihre Ausschreibungen Gebote überhaupt nicht mehr erhalten hätten.

Wenn in dieser Vereinigung der grossen Banken und Bankhäuser eine Schädigung der meisten Städte gefunden wird, so überrascht mich dies nicht. Mein wahrscheinlich bisher von wenigen geteilter Standpunkt ist ein anderer: Ich erblicke aus den angeführten Gründen in der Vereinigung der Banken den ersten Schritt zur Besserung, und so lange kein Weg gefunden ist, Anleihen von Millionen ohne Vermittelung der Bankinstitute an den Mann zu bringen, werden die Städte, nach vorübergehenden aber nur scheinbaren Schädigungen, hieraus Vorteil ziehen."

Nun, m. H., dieses Referat beweist soviel ohne Zweifel, dass sich der Standpunkt, die Konsortialbildung der Banken gewähre den Städten auch Vorteile, vollkommen rationell wahrnehmen lässt. Es ist der Sachverhalt keineswegs so klar, dass man im Interesse der Städte sagen könnte: Weg mit den Konsortien! sondern, wenn Konsortien für die Städte eine Gefahr bieten können, so können sie ihnen andererseits auch vorteilhaft sein. Stellen wir uns aber, ohne in eine meritorische Erörterung der einzelnen Gründe des schriftlichen Korreferats einzutreten, auf dessen Standpunkt, nehmen wir an, dass alle diese Vorteile der Konsortialbildung für die Städte vorhanden seien, so entwickelt sich trotzdem ein anderes Ideal für die Städte, als ein einheitlich geschlossenes Konsortium aller für die Kreditgewährung in Betracht kommenden Banken. Wenn Herr Moll recht hat, so wäre für die Städte das Ideal nicht e i n Konsortium, sondern mindestens z w e i gross angelegte Konsortien, die beide dafür sorgen, dass den städtischen Anleihen ein Markt geschaffen wird, die aber nicht so gestaltet sind, dass den Städten gar nicht mehr die Garantie gegeben ist, die wir in unserm wirtschaftlichen Leben nirgends entbehren können, nämlich die Garantie der Konkurrenz. (Sehr richtig!) Hierfür ist nun der gegenwärtige Zeitpunkt ein entscheidender. Gegenwärtig stehen wir in einem Zeitpunkte, in dem eine ganz neue Art von Banken, die sich bisher nur untergeordnet an den städtischen Anleihen beteiligt hat, auf den Markt tritt. Die Ausführungsgesetze zum Bürgerlichen Gesetzbuch haben sich in den Einzelstaaten auch mit der Frage der Hypothekenbanken beschäftigen müssen. Die Frage, ob die Papiere der Hypothekenbanken Mündelsicherheit geniessen sollen, ist in Preussen im Wege eines Kompromisses dahin entschieden worden, dass die Mündelsicherheit den Hypothekenbanken im allgemeinen versagt, dass sie ihnen aber gewährt wird für Papiere, die sie ausgeben auf grund kommunaler Anleihen. Es lässt sich annehmen, dass in diesem Augenblick eine ganze Anzahl Hypothekenbanken ihre geschäftliche Verfassung auf kommunale Anleihen zuschneiden werden, und es ist von Wichtigkeit, ob auch die Städte diesen Augenblick wahrnehmen werden. Nun, m. H., ich weiss nicht, ob Sie in den Zeitungen die Beratungen über dieses preussische Ausführungsgesetz zum Bürgerlichen Gesetzbuch gelesen haben. Der Punkt „Hypothekenbanken“ war zuletzt der einzige Streitpunkt, der ging hin und her zwischen Abgeordnetenhaus und Herrenhaus. Das Herrenhaus hatte bereits ein Hoch auf den König ausgebracht, weil es mit Bestimmtheit annahm, die Sitzungen seien geschlossen, und das Abgeordnetenhaus würde sich fügen. Als schon der Schluss der Tagung angesetzt war, musste nachträglich noch eine Sitzung des fast geschlossenen Herrenhauses zusammenberufen werden. Mit Mühe und Not wurde die Sache durchgedrückt. Es ist zwar schliesslich das für die Städte günstige Ergebnis herausgekommen; abgehangen aber hat es in der Hauptsache vom Zufall. Und nun frage ich Sie: Entspricht es wohl der Wichtigkeit, die die städtischen Anleihen im kommunalen Haushalt haben, dass eine solche Sache entschieden wird, ohne dass die Städte überhaupt sich gerührt haben? Und, m. H., dies ist nicht etwa eine preussische Angelegenheit, sondern die Frage, ob die preussischen Banken dieses Privileg haben, ist eine Angelegenheit, die für alle deutschen Städte von dem grössten Interesse ist (sehr richtig!), weil diese Banken als Konkurrenten in Nürnberg, in München, in Stuttgart und überall auftreten können. Der Zufall ist uns hier zu Hilfe gekommen und hat den städtischen Interessen beigestanden. Aber man muss sagen, es ist doch eigentlich etwas sonderbar, dass die Städte nichts gethan haben, um ihre Hand mit im Spiele zu haben, dass sie den Oberbürgermeistern im Herrenhause, die allein die Sache zu führen hatten, nicht einmal mit einer Erklärung, auch nur mit einer Petition, zu Hilfe gekommen sind.

Für diese Frage, ob es gelingen wird, mehrere Konsortien neben einander zu haben und für die Wirkung, die eine derartige ausschliessende Geschlossenheit der Banken zur Folge haben muss, ist höchst charakteristisch zunächst der Charlottenburger Vorgang. Charlottenburg schrieb seine letzte Anleihe aus in dem Augenblick, als man zwischen 3 und 3½ % schwankte. Das Konsortium trat zusammen, und zuletzt war nur noch von 3½ und 4 % die Rede. Dieser Vorgang ist kein lokaler, sondern wir sehen den ganz merkwürdigen Vorgang der Entwickelung unserer Banken, dass in demselben Augenblick, wo durch die 3 %ige Staatsanleihe, die der Deutschen Bank — sagen wir — suggeriert worden durch den klugen Finanzminister — dass in demselben Augenblick, wo das Preussenkonsortium für die staatlichen Anleihen gesprengt wurde und in die Brüche ging, dasselbe auftaucht, um den Gemeinden gegenüber eine Politik in die Hand zu nehmen, die es dem Staate gegenüber nicht hatte durchsetzen können. Diese Bankpolitik dürfte gegenwärtig den Zielpunkt haben: den Typus der 4 %igen Anleihe, der bereits verschwunden schien, wieder einzuführen. Es wagte sich das heraus zuerst sehr schüchtern in einzelnen Versuchen, am deutlichsten meiner Erinnerung nach im letzten Jahre bei der Wormser Anleihe. Die Wormser Anleihe musste mit 4 % auf den Markt gebracht werden, und zu einem Kurs von bloss 99,40. Ich hatte gerade um die Zeit, als die Wormser Anleihe herauskam, in einer Pflegschaft einen Posten anzulegen und hatte bereits die Ordre gegeben, ich glaube für 5000 M. Pfandbriefe zu kaufen. Jetzt kam diese Wormser Anleihe. Ich war über diese vorteilhafte Anlage höchst erfreut und teilte dem Bankhaus, das den Auftrag hatte, mit: mir scheine, dass man hierauf zeichnen müsste; mich mache nur stutzig die Günstigkeit dieser Anlage, dieser niedrige Kurs; denn Worms sei, wiewohl nur eine kleine Mittelstadt, trotzdem bekannt als äusserst sorgfältig verwaltete Gemeinde, es geniesse diesen Ruf allgemein, und es müsse doch irgend einen Grund haben, wieso man einer solchen Stadt zumuten könne, bei 4 % sogar unter pari aufzulegen. Das müsse ja stutzig machen. Ich bekam zur Antwort: die Thatsache, dass Worms eine sehr gut verwaltete Stadt ist, sei in Bankkreisen ebenfalls bekannt; die Stadt habe in der That ungünstig abgeschlossen, und dies sei ja natürlich für den, der kaufen wolle, günstig. Nun, m. H., ein Posten von 5000 M. ist auf dem Geldmarkt ein geringer. Kleine Posten pflegen bei Zeichnungen bevorzugt zu werden. Trotzdem bekam ich auf diese 5000 M. nur 500. Es ist also ein ganz klarer Beweis, dass der Andrang gross war. Was man bei Reichs- und Staatsanleihen gewöhnlich anführt gegen die Scheinzeichnungen, trifft hier ja nicht zu. Daran ist garnicht zu denken, dass bei einer Wormser Anleihe Scheinzeichnungen und Spekulationszeichnungen in einem so erheblichen Betrage gemacht worden sind.

Dieser Vorgang beweist vollkommen und zweifellos, dass der verlangte 4%ige Zinsfuss, der hier also noch etwas höher ist, der Kreditwürdigkeit zur Zeit der Auflegung nicht entsprach. Denn ob ich sage, eine Emission sei für den Zeichnenden abnorm günstig, oder sie sei für die kreditnehmende Gemeinde ungünstig, diese beiden Sätze sind vollkommen identisch. Aber einmal begonnen, hat die Entwickelung sich fortgesetzt. Die 4%ige Anleihe hat unmittelbar darauf Barmen ausbringen müssen zu 100,01, Nürnberg zu 100,14 und in diesen Tagen — ich weiss nicht, ob es schon in die Öffentlichkeit gekommen ist —, ich habe eine Mitteilung von dem Herrn Dezernenten aus Königsberg, der jedenfalls auch unter uns ist, dass Königsberg etwas günstiger, aber auch zu 99,53 hat abschliessen müssen. Nürnberg und Königsberg hatten beide ausgeschrieben zu 3½ und zu 4%. Sie haben auf 3½% überhaupt keine Offerte bekommen, und wenn man angesichts dieser negativen Übereinstimmung nicht mehr als vermuten kann, dass dies auf grund gemeinsamer Verständigung geschehen ist, so wird diese Vermutung doch zur Gewissheit erhoben durch das Beispiel einer kleineren Stadt, durch das Beispiel von Naumburg, wo ganz direkt und fast gleichlautend von einer Anzahl Banken die Antwort eingetroffen ist, dass sie auf 3½% keine Offerten machen werden.

Alles dies ist jedoch nur mit einer dreifachen Einschränkung zu verstehen. Erstens, wenn von Banken-Konsortien und Bankpolitik die Rede ist, so soll damit kein Urteil darüber ausgesprochen sein, wie weit heute die Intensität der Konsortienbildung reicht. Ein ruhiger und möglichst objektiver Überblick über die in Deutschland zur Erscheinung gekommenen Banken-Konsortien giebt keinen Anhalt für eine Anschauung, als ob etwa der Geldmarkt unter dem Einfluss einer Banken-Verschwörung stände. Immerhin scheint die Entwicklungstendenz dahin zu gehen, dass an Stelle der kleinen grosse Konsortien treten. Wenn diese eine bestimmte Bankpolitik verfolgen, so ist damit nicht gesagt, dass die Ziele dieser Politik willkürliche sein müssten. Es ist möglich, dass ihre Ziele keine anderen sind, als diejenigen, die nach der Lage des Marktes ohnedies eintreten würden, und dennoch kann eine solche Konsortienbildung für den andern Teil von ernster Bedeutung sein, weil sie im stande ist, die Entwicklung zu beschleunigen und zu verschärfen.

Zweitens, wenn von den Banken als Darlehnsgebern die Rede ist, so muss allerdings bedacht werden, dass sie dies nur im juristischen Sinne sind. Im wirtschaftlichen Sinne sind die Banken weit eher Darlehnsvermittler. Da jede Bank, die sich an einer Emission beteiligt, dies in der Absicht thut, die empfangenen Schuldverschreibungen wieder los zu werden, so hat insofern die Bank an den Darlehnsbedingungen überhaupt kein Interesse (Sehr richtig!), sondern ihr Gewinn hängt ab von der grösseren Gunst oder Ungunst, mit welcher jenes Vermittlungsgeschäft betrieben wird. Immerhin bleibt doch soviel bestehen, dass den darlehnsnehmenden Städten gegenüber die Darlehnsgeber und deren Interesse durch die Banken repräsentiert werden.

Drittens, wenn $3\frac{1}{2}$%igen Anleihen 4%ige gegenübergestellt werden, so soll damit selbstverständlich nicht gesagt sein, dass die letzteren an sich teurer sein müssen. Es kann ja unter Umständen bei günstigem Emissionskurs eine 4%ige Anleihe sehr viel vorteilhafter sein als eine $3\frac{1}{2}$%ige. Ja es lässt sich sogar annehmen, dass eine Richtung, welche die 4%igen Anleihen bevorzugen will, zunächst bemüht sein wird, sie mit einem günstigen Emissionskurs zu verzuckern. Allein trotz dieser Einschränkung bleibt doch in der Hauptsache bestehen, dass die Städte ein gewisses Interesse daran haben, sich gegen die Rückkehr zum 4%igen Typus zu sträuben. Auch im wirtschaftlichen Leben richtet sich nicht alles ausschliesslich nach kalkulatorischen Ergebnissen. Viele überlegen: $3\frac{1}{2}$% bei einem Emissionskurs von 88,85, oder 4% bei 100,80, da komme ich bei letzterem eine Kleinigkeit günstiger fort, folglich wähle ich 4%. Allein das ist nicht ohne weiteres richtig. Neben den kalkulatorischen haben auch psychologische Elemente eine grosse Bedeutung. Unsere Städte haben in den letzten Jahrzehnten grossartige Erfolge in der Verbesserung und Befestigung aller ihrer Verwaltungsgebiete errungen. Wenn es den Städten gelungen ist, den Zinsfuss von 5% auf $4\frac{1}{2}$, auf 4 und $3\frac{1}{2}$ herunterzubringen, so drückt sich in diesen Zahlen die ausserordentliche Anerkennung der gestiegenen Kreditwürdigkeit der Städte aus. Ebenso wie ein Privatmann auf seinen Ruf bedacht sein soll, so sollen auch die Städte diese ehrenvolle Anerkennung, die in dem niedrigen Zinsfuss liegt, sich nicht stören lassen, und darum liegt eine gewisse Gefahr gerade in solchen 4%igen Anleihen, deren Emissionskurs günstig ist. Wenn auf diese Art die Rückkehr zum 4%igen Typus bei einigen Städten eingeleitet ist, so kann dies der Anfang zu einer allgemeinen Rückkehr zu diesem Typus für den städtischen Kredit werden. Allerdings ist in einer Beziehung der gegenwärtige Zeitpunkt noch nicht recht geeignet, zu einem begründeten Urteil darüber zu gelangen, ob der 4%ige Typus nicht vielleicht unvermeidlich ist. Denn alles bisher ausgeführte wird hinfällig, sobald auch der Staatskredit sich dem 4%igen Typus anbequemen muss. Gut verwaltete und leistungsfähige Städte können zwar verlangen, im grossen und ganzen zu denselben Bedingungen Kredit zu erhalten wie der Staat, nicht aber zu günstigeren. Das Auftauchen des 4%igen Zinsfusses für städtische Anleihen war namentlich deswegen so frappant, weil das unmittelbar vorangehende Ereignis auf dem staatlichen Anleihemarkt die Ausbringung der 3 %igen Staatsanleihe war. Dieser scharfe Farbenkontrast erhält allerdings eine Schattierung durch die nachfolgenden Ereignisse, welche beispielsweise auch den hessischen Staat vor die Notwendigkeit einer 4 %igen Anleihe stellten. Der gegenwärtige Augenblick zeigt auf dem staatlichen Anleihemarkte so widerspruchsvolle Verhältnisse, dass man im Moment an den Erfolgen staatlicher Emissionen keinen festen Vergleichsmassstab hat. Möglich, dass man schon in einigen Wochen oder Monaten sicherer urteilen kann. Im Augenblick lässt sich nur soviel sagen, dass auf dem staatlichen Anleihemarkte widersprechende Erscheinungen unmittelbar aufeinander gefolgt sind, während auf dem städtischen die 4 %ige Anleihe die einzige im Vordringen begriffene Form scheint.

Wenn ich daher zum Schluss frage, ob wir an der Hand dieser Betrachtungen zu irgend einem Ergebnis kommen, so möchte ich dies in der Erkenntnis erblicken, dass die Städte in dieser Beziehung ein gemeinsames Interesse haben, und wenn es auch nur darin bestehen sollte, sich die gegenseitigen Erfahrungen mitzuteilen. Das ist aber nicht möglich, wenn sich immer nur die notleidenden zusammenfinden, sondern es müssen sich auch die Städte daran beteiligen, die mit ihren Finanzen zufrieden sind. So ist z. B. bei dem gegenwärtigen Ausschreiben von einzelnen Städten die Antwort gekommen: wir sind gern bereit, den Fragebogen auszufüllen, wir haben aber keinen Anlass, uns weiter daran zu beteiligen, da wir zufrieden sind. Das sind beispielsweise Köln und Frankfurt a. M. Ja, m. H., die Vertreter solcher Städte wären vielleicht die wertvollsten Lehrmeister für uns, wenn sie hierher kämen; und sie sollten nicht glauben, dass das eine blosse Mildthätigkeit wäre, sondern dieser Austausch von Erfahrungen kommt schliesslich auch denjenigen grossen Städten zu statten, die im Augenblick sich noch sehr wohl fühlen. Man wird doch nicht so verfahren wollen, wie jener Mann, der bei Feuerlärm die Wand anfasst und sagt: es ist noch nicht warm, ich kann ruhig schlafen, sondern wir müssen wachsam sein, und auch die Städte, die mit ihren eigenen Finanzen zufrieden sind, sollten sich an einem Austausch von Erfahrungen beteiligen.

Es war meine Aufgabe, m. H., die Erscheinungen auf dem kommunalen Anleihemarkte, die in der letzten Zeit hervorgetreten sind, möglichst nach beiden Seiten hin zu beleuchten. Ich bin bemüht gewesen, mich einerseits mit der Vorsicht auszudrücken, die bei diesen in Fluss befindlichen und noch nicht sicher überblickbaren Dingen geboten ist, andrerseits aber auch keine Besorgnis bloss deswegen unerwähnt zu lassen, weil sie sich nicht mit Sicherheit begründen lässt. Je mehr in der augenblicklichen Lage unklar ist, je mehr wir annehmen müssen, dass hier die Erfahrungen der verschiedenen Städte verschieden sein werden, desto mehr habe ich mich für verpflichtet gehalten, den Hauptteil der Erörterung denen zu überlassen, die diese Erfahrungen der einzelnen Städte vorzutragen haben. (Beifall.)

Bürgermeister **Köhler**-Worms: Meine verehrten Herren! Der Grund, der mich veranlasst hat, in dieser Angelegenheit das Wort zu ergreifen, ist erstens der, dass der Einberufer der heutigen Versammlung, Herr Dr. Jastrow, an mich die Bitte gerichtet hat, zu Punkt 1 der Tagesordnung zu sprechen, und zweitens der, dass er in seinen vortrefflichen Ausführungen noch speziell des Anlehens der Stadt Worms gedacht hat, in dem Sinne, dass der Abschluss des fraglichen Anlehens für die Stadt Worms unter Bedingungen erfolgt sei, die allgemein (auch in Bankkreisen) für auffallend ungünstig angesehen worden seien. Gestatten Sie mir deshalb, die Geschichte dieses Anlehens Ihnen ganz kurz mitzuteilen, aus der Sie ersehen werden, dass nach Lage der Verhältnisse, wie sie damals waren, die Anleihe keineswegs als so ganz ausserordentlich bezeichnet werden kann.

Was die Finanzverwaltung der Stadt Worms anbelangt, so bin ich ja um so eher in der Lage, das bestätigen zu können, was Herr Dr. Jastrow eben mitgeteilt hat, als ich erst seit einem Jahre die Ehre habe, die Stadt Worms zu vertreten, und als mein Vorgänger der jetzige hessische Finanzminister ist, woraus also der Schluss gezogen werden darf, dass die Finanzen der Stadt Worms in den besten Händen waren. Die Frage kann deshalb nicht aufgeworfen werden — und das ist ja auch durch Herrn Dr. Jastrow nicht geschehen —, als ob etwa die Finanzen der Stadt Worms es gewesen wären, welche auf den Übernahmepreis, den die fragliche Anleihe gehabt hat, irgendwie drückend gewirkt hätten. Dagegen waren wir insofern in einer Zwangslage, als die frühere Verwaltung in Rücksicht auf die Versteifung des Geldmarktes die Aufnahme eines Anlehens, die schon früher erforderlich gewesen wäre, hinausgeschoben hat, und als wir thatsächlich an einem Punkte angelangt waren, der es unmöglich machte, ohne weitere Anlehensmittel weiter zu wirtschaften. Infolgedessen liess sich ein weiteres Hinausschieben der Kapitalaufnahme nicht ermöglichen, wenn wir auch jetzt noch zögerten, soweit es irgend möglich war. Wir haben bereits im Oktober des Jahres 1898 bei verschiedenen Banken Anfrage gehalten und haben dort die Mitteilung bekommen, dass der Zeitpunkt zur Aufnahme eines Anlehens ein derart ungünstiger sei, dass sie überhaupt nicht in der Lage wären, uns ein Angebot zu machen. Es waren das die Darmstädter Bank, die Pfälzer Bank und die Seehandlung in Berlin. In der damaligen Zeit, im Oktober, hat die Stadt Offenbach einen Anlehensbetrag von 4000000 M. zu $3\frac{1}{2}$% zu $96\frac{1}{2}$ begeben an die Darmstädter

Bank und an eine Reihe von anderen Banken, der Kurs dieser Anleihe betrug damals $97^3/_4$. Die Stadt Dortmund hat in der damaligen Zeit eine $3^1/_2$ %ige Anleihe ausgeschrieben bei 24 Firmen und hat 95 erzielt. Es erschien uns also der damalige Zeitpunkt ein so ausserordentlich ungünstiger, dass wir es für geraten hielten, die Ausgabe des Anlehens noch weiter hinauszurücken. Wir hatten im März bezw. im April ein weiteres Vorgehen in Aussicht genommen und haben uns damals zunächst an zwei Firmen gewandt, die Darmstädter Bank und die Pfälzer Bank, die eine ein hessisches Institut, die andere in Worms mit einer Filiale ansässig, die wir aus den letzterwähnten Gründen in erster Linie berücksichtigen wollten. Es ging darauf nur eine Offerte ein, und zwar hatten sich die beiden Banken zusammengethan und hatten eine gemeinschaftliche Offerte gemacht. Wir hatten gewünscht, eine Anleihe von $3^1/_2$ Millionen aufzunehmen. Die Offerte, die die Banken abgegeben hatten, war folgende: zu $3^1/_2$ % wollten sie fest 1000000 M. alsbald beziehbar zu 95 % übernehmen, für 1500000 M. wollten sie seitens der Stadt ein Optionsrecht bis 1. Oktober 1899 eingeräumt haben, ganz oder teilweise auszuüben zum Kurs von $95^1/_4$ %, über den Rest von 1000000 M. sollte spätere Verständigung vorbehalten, jedoch der Bank ein Vorzugsrecht eingeräumt werden, zu 4 % bis 1905 unkündbar wollte sie 1500000 M. fest alsbald beziehbar zu 99 % übernehmen, für 1000000 M. sollte ihnen ein Optionsrecht bis 1. Oktober 1899 zu $99^1/_4$ % und über den Rest von 1000000 M. sollte spätere Verständigung unter Gewährung eines Vorzugsrechtes zugestanden werden. M. H., Sie sehen daraus, dass mit diesem Angebot in Rücksicht auf unser Bedürfnis absolut nichts anzufangen war. Die Nebenbedingungen, die noch gegeben waren, waren: für Einlösung der Koupons etc. $^1/_8$ % Provision, und den nicht alsbald gebrauchten Betrag des Anlehens wollten die Banken mit $^1/_2$ % unter dem jeweiligen Reichsbankdiskont, mindestens mit 3 und höchstens mit 4 % verzinsen. Sie sehen danach, dass dieses Angebot weder nach der $3^1/_2$ %igen Seite noch nach der 4 %igen Seite zu brauchen war, da die fest zugesagten Beträge, die uns zur Verfügung gestellt waren, so ausserordentlich gering waren, dass wir damit nichts anzufangen vermochten.

Es ist uns dieser Zusammenschluss der Banken, der die Konkurrenz zwischen den beiden Banken, die wir anzugehen beabsichtigt hatten, beseitigte, ja nachteilig gewesen, allein für den schliesslichen Abschluss des Anlehens ist er ohne Bedeutung gewesen, denn wir haben mit diesen beiden Banken bezw. mit diesem Konsortium nicht abgeschlossen, sondern es hat sich während der Verhandlungen durch Intervention eines Dritten eine andere Gesellschaft und zwar die Firma Mendelssohn & Co. in Berlin um das fragliche Anlehen mit Erfolg beworben. Bemerken muss ich jedoch, dass der Zusammenschluss der beiden Banken meines Dafürhaltens im wesentlichen erfolgte, um das Risiko, das mit dem Anlehen in jener wenig günstigen Zeit verbunden war, zu teilen, nicht aber, um uns zur Annahme schwerer Bedingungen zu zwingen.

Der schliessliche Abschluss mit Mendelssohn & Co. kam auf 3 Millionen zu 99,40 zu stande, für Einlösung der Coupons wurden $^1/_{10}$ % Provision, und ferner eine feste Verzinsung des restierenden Betrages zu $3^3/_4$ % stipuliert. Der Vorteil, der für uns in diesem Abkommen lag, war, abgesehen von der Höhe des Zinsfusses gegenüber dem früheren Angebot, die geringere Provision und die feste Verzinslichkeit, die, wenigstens nach dem damaligen Geldmarkte, als entschieden vorzuziehen zu betrachten war gegenüber der Offerte, die uns von den beiden koalierten Banken zugegangen war. Der weitere Vorteil bestand für uns speziell noch darin, dass uns durch die Verbindung mit dem Hause Mendelssohn & Co. die Berliner Börse freistand, während bei den früheren Anleihen nur die Frankfurter Börse zum Verkauf unserer Papiere zur Verfügung stand. Endlich sei noch die nicht zu unterschätzende Möglichkeit zukünftiger Konversion für den Fall günstigerer Geldverhältnisse erwähnt.

Was nun diese Anleihe speziell anlangt, so sehe ich nach einer Zusammenstellung, die ich hier vor mir habe, dass die Stadt Worms allerdings der Zeit nach die erste war, die den 4%igen Typus acceptiert hat. Bald aber folgten andere Städte unmittelbar nach. Worms hat am 7. April abgeschlossen. Die nachfolgenden Städte haben eigentlich im Kurs wenig Unterschied gezeigt. Pforzheim hat am 12. April abgeschlossen zu $99^1/_2$, Mainz hat am 19. April abgeschlossen zu 99,55 und am 28. Mai zu 99,65%, Bingen am 13. Mai zu $99^1/_2$%, Luzern am 24. Mai zu $98^1/_2$. Aus diesen Zahlen ist zu ersehen, dass auch die übrigen uns nachfolgenden Städte im wesentlichen nicht besonders günstigere Kurse erzielt haben. Es lassen auch diese Kurse um so weniger einen Vergleich zu, weil die Nebenbedingungen bezüglich Provision und bezüglich Verzinsung des restierenden Betrages hier nicht genannt sind, so dass man nicht weiss, inwiefern in dieser Beziehung vielleicht günstigere Verhältnisse durch den Kurs geschaffen worden sind.

Es kann also, m. H., aus dem, was ich Ihnen mitgeteilt habe, auch nicht gesagt werden, dass der Zusammenschluss der beiden Banken für unser Anlehen irgendwie nachteilig gewesen wäre. Die Firma Mendelssohn & Co. hat übrigens es ausdrücklich abgelehnt, auf $3^1/_2$%ige Anleihen überhaupt irgend ein Angebot zu machen. Wir haben damals zweifellos unter einem ausserordentlich ungünstigen Geldmarkt gelitten. An dem Tage, an dem das Anlehen in Berlin durch die Vertreter der Stadt mit dem Hause Mendelssohn & Co. auf 99,40 am Vormittage abgeschlossen wurde, ist ein Sinken der preussischen Konsols auf 92 konstatiert worden, und die Herren bekamen am Nachmittage von dem Bankhause die Mitteilung, dass zu dem Satze von 99,40 unter keinen Umständen das Anlehen acceptiert worden wäre, wenn dieser Satz, der am Nachmittage bezüglich der preussischen Konsols feststand, am Morgen festgestanden hätte.

Das, m. H., ist der Grund, weshalb wir unser Anlehen zu dem bekannten Satze herausgegeben haben. Den übrigen Städten, die uns unmittelbar nachgefolgt sind, ist es nicht geglückt, zu der damaligen Zeit ein wesentlich von uns verschiedenes Resultat zu erzielen.

Ich glaube also, dass die Mitteilungen, die ich Ihnen bezüglich des Anlehens von Worms machen kann, im wesentlichen dahin gehen, dass wir unter dem Einfluss der Koalition in keiner Weise zu leiden gehabt haben, sondern dass wir es nur den ungünstigen Verhältnissen des damaligen Geldmarktes zuzuschreiben hatten, dass wir nicht mit einem höheren Betrage unser Anlehen an den Markt gebracht haben, als es thatsächlich der Fall war.

Oberbürgermeister **Staude**-Halle a. S.: M. H.! Ähnliche Erfahrungen, wie sie eben von dem Herrn Bürgermeister von Worms geschildert worden sind, haben wir auch in Halle gemacht. Gestatten Sie mir, dass ich Ihnen kurz mitteile, wie es der Stadt Halle mit der Befriedigung ihrer Kreditbedürfnisse in dem gegenwärtigen Jahrzehnt ergangen ist. Wir haben im ganzen 10 Millionen Mark aufgenommen, und davon zunächst im Jahre 1892 eine $3\frac{1}{2}$ %ige Obligationen-Anleihe von 7 Millionen. Diese Anleihe wurde in Abschnitten nach und nach begeben. Zunächst im Jahre 1892 begaben wir 3 Millionen von dieser Anleihe. Wir hatten eine zahlreiche Beteiligung von grossen Berliner Häusern und auch andern Banken und begaben schliesslich diese 3 Millionen an die Darmstädter Bank und ein Hallesches Bankhaus zum Kurse von 95,92. Wir waren nach den damaligen Verhältnissen der Kurse und des Geldmarktes durchaus zufrieden. — Wir haben dann im Jahre 1895 eine weitere Million dieser Anleihe begeben und zwar an ein Konsortium Hallescher Banken im Verein mit der Städtischen Sparkasse zu Halle zum Kurse von 101. Dann im folgenden Jahre, 1896, haben wir wieder eine Million von dieser Anleihe bei unsrer Sparkasse begeben zum Kurse von 101,25. Weiter, im Jahre 1897, begaben wir wieder eine Million. Wir schrieben sie aus, boten sie den Häusern an, mit denen wir bisher in Verbindung gestanden hatten. Wir hatten keine besonders grosse Beteiligung, aber es gelang uns noch, diese Million bei der Allgemeinen Kredit-Anstalt in Leipzig zum Kurse von 100 zu begeben. Dann haben wir den Rest dieser Anleihe von annähernd einer Million im laufenden Jahre ausgeschrieben. Wir hatten noch weniger Beteiligung und begaben sie schliesslich zum Kurse von 94,50 bei der Bankfirma Becker & Co. in Leipzig.

Sie sehen schon aus diesem Verlauf, wie es auch für uns in Halle immer schwerer geworden ist, bei den Banken unsre Anleihen zu begeben. Wir mussten uns unsrer städtischen Sparkasse zuwenden, und das hat ja doch seine grossen Bedenken, und jetzt, wo wir gerade mehr Geld gebrauchen, haben wir in diesem Jahre noch 3 Millionen aufgenommen zum pari-Kurs zu $3^3/_4$ %, davon 2 Millionen bei unsrer Sparkasse und 1 Million bei der Versicherungsanstalt Sachsen-Anhalt.

Ich muss gestehen, dass wir von einer schädlichen Ringbildung niemals irgend etwas bemerkt haben. Es wäre unrecht, wenn wir den Banken, mit denen unsre Stadtbehörden bisher in freundschaftlichen Beziehungen gestanden haben, irgendwelche Vorwürfe machen wollten. Sie haben uns treu zur Seite gestanden, und wenn sich Hallesche Banken mit grossen Berliner und andern Banken zusammengeschlossen haben, so ist das nach meiner Ansicht und nach der Ansicht des Magistrats in Halle nur ein Nutzen für unsre Stadt gewesen. Wir würden nicht so günstige Bedingungen haben erzielen können, wenn diese Konsortial-Bildung nicht erfolgt wäre.

Es ist wohl die Schwierigkeit der Begebung städtischer Anleihen auf die jetzige Lage des Geldmarktes, auf den Gang der Spekulation und die Lage der Industrie und der Montanwerte zurückzuführen, wie dies ja auch der Herr Einberufer dieser Versammlung uns in seiner ausgezeichneten, nach allen Seiten hin die Sachlage beurteilenden Rede gesagt hat. Ich persönlich meine, gerade die gegenwärtig so schwierige Lage des Geldmarktes weist uns darauf hin, dass die grösste Vorsicht in unsern Kreisen geboten ist. (Sehr richtig!) Wir müssen alles aufbieten, um uns in dieser schwierigen Lage die guten Beziehungen zu den uns befreundeten Banken zu erhalten. Das, meine ich, m. H., sollten wir nicht aus den Augen lassen. (Beifall.)

I. Bürgermeister **Schustehrus**-Charlottenburg: M. H.! Auch mir gegenüber ist der Wunsch geäussert worden, mich über die Erfahrungen, die wir in Charlottenburg in Bezug auf die Begebung von Anleihen in der letzten Zeit gemacht haben, zu äussern. Ich thue das gern, weil gerade diese in Charlottenburg im letzten Jahre von uns gemachten Erfahrungen den Anlass zu der Idee gegeben haben, eine Zusammenkunft, wie die heutige, zu veranstalten. Ausserdem aber auch deshalb, weil ich grundsätzlich einen anderen Standpunkt einnehme, als mein verehrter Herr Vorredner, Herr Oberbürgermeister Staude. Ich stehe einer Ringbildung der Banken nicht so freundlich gegenüber, wie er.

Die Stadt Charlottenburg hat in der letzten Zeit, die uns ja nur interessiert, 3 Anleihen begeben, in den Jahren 1895, 1897 und 1899 — 1895 von 4 Millionen, 1897 von 4 Millionen; 1899 eine Anleihe von 8 Millionen. Das ist der dritte Teil einer Gesamt-Anleihe von 23 Millionen, die noch in zwei weiteren Abschnitten begeben werden soll. Wir haben also ein grosses Interesse daran, wie Sie sehen, dass wir nicht wieder in dem Sinn überrascht werden, wie in diesem Jahre. Alle 3 Anleihen wurden zu $3\frac{1}{2}$% ausgegeben. — Im Jahre 1895 lagen die Verhältnisse für den Anleihemarkt noch sehr günstig. Schon bevor die Anleihe begeben wurde, wandten sich mehrere grosse Bankfirmen mit der Bitte an den Magistrat Charlottenburg, sie nicht bei der Begebung der Anleihe zu übergehen, und der Erfolg der Ausschreibung war dann auch ein sehr guter. Es hatten sich mehrere Konsortien um die Anleihe beworben. Es war also hier das Moment der Konkurrenz vorliegend, das für die Städte ein günstiges ist. Es wurde offeriert: 103,56 auf eine $3\frac{1}{2}$ %ige Anleihe, ein vorzüglicher Kurs, und die Anleihe wurde emittiert zum Kurse von 103,60. — Wesentlich anders war das Bild schon im Jahre 1897. Auch hier war die Anleihe, wie im Jahre 1895, in einer engeren Submission ausgeschrieben. Von den 13 Bankhäusern, die aufgefordert waren, schrieben zunächst 3 sofort, dass sie auf eine Abgabe von Offerten verzichten müssten, 2 liessen unsre Aufforderung zur Abgabe von Offerten überhaupt unbeachtet, und die übrigen boten in 3 Konsortien — auch hier wieder das Moment der Konkurrenz — annehmbare Offerten. Die beste Offerte ging aus von einem Konsortium, das zusammengesetzt war aus der Deutschen Bank, der National-Bank für Deutschland und dem Bankhause von Jacob Landau in Berlin. Es wurde geboten 99,57; emittiert wurde die Anleihe mit 100,20, also noch ein durchaus annehmbares Resultat.

Das Bild aber, das wir in diesem Jahre erlebt haben, ist nun ein erschreckendes gewesen. Zunächst, m. H., die eigentümliche, von Herrn Dr. Jastrow schon hervorgehobene Beobachtung, dass wir überhaupt nur eine Offerte bekamen, und zwar eine Offerte von einem Konsortium, gebildet von 12 Banken, den namhaften Banken Berlins, d. h. den namhaften Banken Deutschlands, unter der Führung der Seehandlung. Es dürfte Sie vielleicht interessieren, zu erfahren, welche Banken bei diesem Konsortium sich beteiligt haben: die Seehandlungs-Sozietät, die Bank für Handel und Industrie, die Berliner Handelsgesellschaft, S. Bleichröder, Delbrück Leo & Co., die Deutsche Bank, die Deutsche Genossenschaftsbank von Soergel, Parrisius & Co., die Diskonto-Gesellschaft, Mendelssohn & Co., die Nationalbank für Deutschland, Robert Warschauer & Co., alle zu Berlin, und dann M. A. von Rothschild & Söhne in Frankfurt a. M.

Diese eine Offerte lautete auf 94,50 — ein für die damalige Zeit erschreckender Kurs, der uns geboten wurde! (Heiterkeit.) Dazu kam, dass uns die Banken ausserdem ausserordentlich erschwerende Bedingung gestellt hatten: Die Offerte des Konsortiums traf ein am 18. April, die Banken hielten sich an dieselbe nur gebunden bis zum 24. April; also 6 Tage hatte man uns nur Zeit gelassen, um in diesem Dilemma eine weittragende Entscheidung zu fällen, obgleich man ganz genau wusste, dass die Beschlussfassung in einer städtischen Verwaltung bei derartigen Sachen durch die Natur der Dinge, durch die Beratung der Deputation, des Magistrats, durch die Einberufung einer Stadtverordnetenversammlung eine gewisse Frist gesetzlich in Anspruch nimmt, und die Beratung selbst eine schwierige und hinzögernde ist. Ferner hatte man, um die Bedingung noch zu verschärfen, hinzugesetzt: Wenn an einem dieser 6 Tage der Kurs der vor kurzem begebenen 3 %igen Staatsanleihe unter 90¾ sinken sollte, dann gelte die ganze Offerte als zurückgezogen. Das sind, m. H., nicht nur schwere Bedingungen, sondern wir standen unter dem Eindruck, dass das fast brüskierende Bedingungen wären, die man uns gestellt hatte.

Nach sehr langen und höchst eingehenden Verhandlungen haben wir schliesslich, der Not gehorchend, die Offerte angenommen, weil wir uns sagten, dass der Zeitpunkt allerdings durch die kurz vorher erfolgte Begebung der 3 %igen Staatsanleihe ein höchst ungünstiger sei, und dass wir bei der Ringbildung der Banken Gefahr laufen, eine noch ungünstigere Offerte zu erhalten, falls wir die vorliegende nicht annehmen würden.

Wenn man sich nun nach dem Ziele und nach dem Zwecke dieses Zusammenschlusses der Banken fragt, so, meine ich, ist zunächst ganz zweifellos, dass bei dem heutigen Geldmarkt, der überschwemmt ist mit Anleihe-Werten, und namentlich mit Anleihe-Werten der kommunalen Korporationen, es nicht gut anders möglich ist, als dass die Banken sich zusammenschliessen, weil sie nur in Konsortien im stande sind, grössere Anleihe-Werte unterzubringen. Die 12 Banken thaten sich also zunächst zu diesem Zwecke zusammen, jede übernahm ½ der 8 Millionen. Der zweite Gesichtspunkt ist schon nicht mehr so harmlos; aber er ist geschäftlich zu erklären und zu billigen. Das ist der: die Städte in die Lage zu bringen, dass der Übernahmepreis für die Banken ein günstiger werde. Das haben sie auch erreicht. Aber, m. H., ich meine, und wir alle sind überzeugt, dass der eigentliche Zweck der Banken viel weiter geht. Dieser eigentliche Zweck ist, wie Herr Dr. Jastrow richtig hervorhob, der: sie wollen die Städte zwingen, von den 3½ % Zinsen für ihre Anleihen abzugehen und zu 4 % wieder zurückzukehren. (Sehr richtig!) Dass übrigens, m. H., das der Fall ist, geht, meine ich, hervor auch aus dem Umstande, dass das Konsortium auf eine 3 %ige Anleihe überhaupt keine Offerte gemacht hat — wir hatten auch zu 3 % aufgefordert —, dass aber schüchtern erklärt wurde, die Banken würden bereit sein, zu einer 4 %igen, zu der wir nicht aufgefordert hatten, eine Offerte abzugeben. Auch diejenigen Beispiele, die Herr Dr. Jastrow heute angeführt hat, von Königsberg, wo ebenfalls, wieder unter Führung der Seehandlung, ein Konsortium zu einer 4 %igen Anleihe eine Offerte abgegeben hat zum Kurse von 99,53, und das Beispiel von Naumburg scheinen mir beweisend für die Absicht der Banken.

Wenn nun mein verehrter Herr Kollege aus Halle sich auf die bisherige freundliche Haltung der Hallenser Banken gegenüber der Hallenser Stadtanleihe berufen hat, so meine ich, dass bei der ganzen Lage unsres Geldmarktes in Deutschland die Banken in der Provinz nicht von ausschlaggebender Bedeutung sind. Nicht die Banken in der Provinz machen den Markt, sondern die Banken in Berlin machen ihn, und was die Banken in Berlin thun, das machen nachher die kleinen Banken in der Provinz nach.

Also, m. H., ich halte es sehr wohl für möglich, dass wir vor der Gefahr stehen, ln eine Zwangslage gebracht zu werden, dadurch, dass sich die Banken koalieren. Koalition gegen Koalition! In irgend einer Form, meine ich, müssen auch die Städte zusammenstehen, schon um gemeinsam über Mittel und Wege nachzudenken, um einer solchen Gefahr begegnen zu können. In welcher Form, darüber wird man verschiedener Meinung sein können. Ich glaube jedoch, mich hierauf beschränken zu können, dem Wunsche des Herrn Vorsitzenden entsprechend, da ja über diese Mittel und Wege ein anderer Punkt unsrer Tagesordnung noch Gelegenheit zur Aussprache bietet.

Stadtrat **Homburger**-Karlsruhe: M. H.! Wiewohl auch ich die Absicht habe, mich kurz zu fassen, möchte ich doch zuvor bemerken, dass ich nicht nur die Ehre habe, Mitglied der Stadtverwaltung Karlsruhes zu sein, sondern auch Teilhaber eines Bankhauses, welches auf eine reiche Erfahrung auf dem Gebiete der kommunalen Anleihen zurücksehen kann. Trotzdem glaube ich, dass keine Kollision der Interessen gegeben ist, sondern dass es mir möglich ist, in ganz objektiver Weise sowohl den Standpunkt der Städte als auch den Standpunkt der Banken vertreten zu können.

Ich möchte dagegen Einspruch erheben, als ob von einer wirklichen Koalition der deutschen Banken geredet werden könnte. Das ist ganz unrichtig. Es haben sich öfters eine grössere Anzahl Banken allerdings zu einem Konsortium zusammengeschlossen, aber nicht für alle Fälle, sondern dieser Zusammenschluss erfolgte im einzelnen Falle, und wenn, wie das speziell bei den badischen Städten der Fall ist, die Konkurrenz nicht als eine beschränkte ausgeschrieben wird, indem man sich an einzelne Firmen wendet, sondern wenn man die Submission öffentlich ausschreibt, dann ist an eine Ringbildung überhaupt nicht zu denken. Denn wenn auch eine Anzahl Banken sich zusammenschliesst, so wissen sie nicht, ob nicht andere Banken, an die sie gar nicht gedacht haben, auch Offerten abgeben. Dieses Konsortium wird also im eigenen Interesse, wenn es etwas verdienen will — und das ist ja der Zweck der Übernahme von Anleihen, das kann man den Banken absolut nicht verübeln —, schon den höchstmöglichen Kurs bieten, weil die Banken nicht wissen, ob sie nicht von einem ihnen unbekannten Konkurrenten überboten werden.

Wenn ich mich nun frage, wie die Auffassung entstehen konnte, als ob hier von einer Ringbildung wirklich die Rede sei, so muss ich etwas weiter zurückgreifen. Es ist Ihnen ja allen bekannt, dass wir vom Jahre 1873 ab in einer Periode des fallenden Zinsfusses uns befunden haben. Der Zinsfuss ist immer weiter zurückgegangen, und der Höhepunkt dieses Rückganges war erreicht in dem Moment, als die deutschen Staaten dazu übergingen, ihre 4 %igen Papiere auf $3\frac{1}{2}$ %ige zu konvertieren. Dieser Zeitpunkt war es auch, der damals den Höhepunkt für die Begebung der kommunalen Obligationen als gekommen erscheinen liess. Es ist Ihnen ja allen bekannt, dass $3\frac{1}{2}$ %ige Kommunal-Obligationen damals über Pari begeben werden konnten, und dass sie auch untergebracht wurden. Es hängt dies damit zusammen, dass auch der Hypotheken-Zinsfuss, der ja immerhin eine gewisse Rolle auf dem grossen Geldmarkt spielt, ebenfalls heruntergegangen ist: der Hypotheken-Zinsfuss ist auf $3\frac{3}{4}$, sogar noch etwas unter $3\frac{3}{4}$ % herabgegangen. Damals war es leicht, $3\frac{1}{2}$ %ige Kommunal-Obligationen zu verkaufen. Seit zwei bis drei Jahren hat sich darin eine ganz gründliche Änderung vollzogen. Der Aufschwung, den Handel und Industrie genommen haben, hat ganz ungemessene Summen, speziell in der elektrischen Industrie, zur Anlage gebracht. Das private Publikum begnügt sich nicht mehr mit $3\frac{1}{2}$ %, es verlangt eine höhere Verzinsung. Die Folge davon war, dass, wenn bis dahin Mittel in $3\frac{1}{2}$ %igen Kommunal-Obligationen Anlage fanden — ich zähle dazu auch die grossen Sparkassen, die sich mit $3\frac{1}{2}$ % für Anlagen begnügten, während sie von da ab einen höheren Zinsfuss wieder erreichen konnten — von diesem Zeitpunkt ab eine Bewegung des steigenden Zinsfusses anfing und immer kleinere Kreise sich für $3\frac{1}{2}$ %ige Kommunal-Obligationen interessierten. Allein es blieb nicht bei den Kommunal-Obligationen. Sehen Sie hin auf den Kurszettel, vergleichen Sie die Staatsanleihen, — auch diese haben einen ganz gewaltigen Kursrückgang erfahren. $3\frac{1}{2}$ %ige, die damals 105 standen, stehen heute unter pari, 3%ige, die damals nahezu den Parikurs erreicht hatten, stehen heute unter 90.

Es ist also m. E. nicht richtig, wenn der geehrte Herr Vorredner meint, dass die Städte sich zusammenthun müssen, um dieser gemeinsamen Gefahr gegenüber Schritte zu thun. (Zuruf.) Ich glaube vielmehr, dass ebensogut die Staaten dazu berufen wären, sich zusammenzuthun. Die Städte können m. E. nur dem allgemeinen Zuge der Zeit folgen, sie können nicht für sich etwas Besonderes verlangen, während die Staaten unter Umständen noch viel schlechter gestellt werden sollen, als die Städte. Ich kann das an einem kleinen Beispiel ausführen. Sie alle wissen, dass die Staaten Deutschlands, wie Preussen und andere Staaten zu 3%igen Anleihen nach und nach übergegangen sind, sowohl Hessen, wie Baden, Bayern, Württemberg, alle haben 3%ige Anleihen ausgegeben. Seit etwa zwei Jahren gehen diese nicht mehr. 3% ist nicht mehr Mode, sondern das Publikum verlangt einen höheren Zinsfuss. Sie haben dann 3½%ige Anleihen ausgegeben, und heute schon sind die Staaten dazu gekommen, 4%ige auszugeben. Hessen hat eine 4%ige Anleihe zu einem, wenn ich mich des Ausdruckes des geehrten Herrn Vorredners bedienen darf, — noch erschrecklicheren Kurse abgeschlossen, nämlich nur einige Pfennige über pari für ein 4%iges Staatspapier. Das ist allerdings für den Moment vielleicht erschreckend. Allein ich sehe das durchaus nicht für so erschreckend an, ich sage vielmehr, das Steigen des Zinsfusses in Deutschland dürfen wir alle mit Freuden begrüssen. Es ist ein Zeichen, dass der Handel und die Industrie gedeiht, es ist ein Zeichen, dass die Steuerkraft für die Staaten und für die Städte wächst, denn wenn Handel und Industrie blühen, das weiss ja jeder, so werden die Steuerquellen vergrössert, und ich betrachte es als gar kein Unglück, wenn die Staaten infolge der allgemeinen Zeitverhältnisse genötigt sind, nunmehr wieder zum 4%igen Typus zurückzukehren. Das wird sich reichlich bezahlt machen durch die grösseren Steuerkräfte, die ihnen infolge des Aufblühens von Handel und Industrie zukommen.

Nun möchte ich noch auf eine Aeusserung des Vorredners eingehen. Er hat es so dargestellt — wenigstens wenn ich ihn richtig verstanden habe —, als ob die Banken, wenn sie überhaupt sich zusammenschliessen — was ich aber bestreite, und ich werde Ihnen dafür Beispiele geben, dass das nicht der Fall ist —, durch ihren Zusammenschluss die Städte zwingen wollen (Zuruf!), von dem 3½%igen Typus abzugehen und wieder den 4%igen Typus anzunehmen. Ja, m. H., wenn das die Banken thatsächlich thun, so handeln sie selbst unter dem Druck der Verhältnisse. Wenn keine 3½%igen Anleihen mehr unterzubringen sind, dann können die Banken auch keine mehr übernehmen (Sehr richtig!) und infolgedessen sind sie eben genötigt — und das ist durch die Verhältnisse bewiesen und lässt sich zahlenmässig nachweisen — auch für Kommunal-Obligationen einen höheren Zinsfuss als $3^1/_2$ % zu verlangen. Ich kann Ihnen eine Anzahl von Beispielen anführen. Auch von meiner Firma gilt das: sie hat bei dem Übernehmen von städtischen Anleihen noch nicht viele Rosen gepflückt. Im allgemeinen ist die Konkurrenz bei solchen Übernahmen von Anleihen eine sehr grosse, eine sehr scharfe, und die Häuser, die sich darum bewerben, sind in der Regel froh, wenn sie mit etwa $^1/_2$ %—1 % Nutzen wieder aus dem Geschäft heraus können. Dass das kein grosser Verdienst ist, wird mir wohl jeder von Ihnen zugeben. Thatsächlich aber ist in den letzten fünf Jahren kaum eine $3^1/_2$ %ige Anleihe zum Abschluss gebracht worden, die mit Nutzen für die Übernehmer abgewickelt worden ist. Die meisten der Banken sitzen heute noch auf ganz grossen Beständen, und das ist auch der Grund, warum sie sich nicht geneigt zeigen, neue $3^1/_2$ %ige Obligationen zu übernehmen. Aus diesem Grunde auch haben sie sich genötigt gesehen, in einzelnen Fällen auf einen 4 %igen Typus wieder hinzuwirken, und, wie ich schon erwähnt habe, ich halte das für durchaus kein Unglück.

Nun möchte ich, nur um zu widerlegen, dass eine Koalition der Banken thatsächlich stattgefunden habe, noch erwähnen, dass, seitdem die Staaten wieder dazu übergegangen sind, sich zu einem 4 %igen Typus zu entschliessen, der Kreis der Banken und Bankiers, die sich für städtische Anleihen interessieren, bedeutend gewachsen ist. Ich habe hier eine kleine Zusammenstellung aus dem letzten halben Jahre. Es betrifft die Städte Zweibrücken, Landau, Kaiserslautern, Frankfurt, Köln, Worms, Pforzheim, Mannheim. Bei allen diesen Städten waren mehrere Konsortien in der Submission beteiligt. In Zweibrücken — das ist die jüngste Anleihe — waren es 3, nämlich die Seehandlung in Berlin mit der Deutschen Genossenschaftsbank, dann die Pfälzer Bank mit drei Pfälzer Firmen und meine Firma; in Landau waren es 3, in Kaiserslautern waren es 6, in Frankfurt 2, in Köln 2, in Worms 2, in Pforzheim 3, in Mannheim 5. Sie sehen also, m. H., dass von einer allgemeinen Ringbildung hier nicht die Rede sein kann. Die Ringbildung besteht nur darin, dass die Banken und Bankiers gesagt haben: Wenn wir bei einer Übernahme von Kommunal-Obligationen nichts mehr verdienen können, dann bleiben wir überhaupt weg, und das kann man niemand verargen, und ich glaube, die Städte haben am allerwenigsten Grund, sich über ein Zusammenschliessen zu beschweren. Denn wenn kriegerische Zeiten kommen, dann sind die Bank-Konsortien jedenfalls besser geeignet, den Städten unter die Arme zu greifen, als eine einzelne

Bank oder ein einzelner Bankier. — Von Charlottenburg sind mir die genauen Details nicht bekannt; ich weiss nicht, ob eine öffentliche oder eine beschränkte Submission ausgeschrieben worden ist (Zuruf: beschränkt!), ich glaube aber darauf schliessen zu dürfen, dass es eine beschränkte war, weil eben die Firmen sich zusammengethan haben. Das ist eben der Nachteil der beschränkten Submission, und ich glaube, wenn Charlottenburg eine öffentliche Submission ausgeschrieben hätte, so hätte es damals auch einen besseren Kurs erzielt. (Zuruf: Also!) Ich erwähne nur, dass mir z. B. aufgefallen ist, dass die Mitteldeutsche Kreditbank, die ein ganz bedeutendes Geschäft in Kommunal-Obligationen hat, nicht beteiligt ist (Zuruf: Die hat es abgelehnt!), dass die Berliner Bank, die in neuerer Zeit sich sehr um Geschäfte bewirbt, nicht beteiligt ist, dass die Bayerische Hypotheken- und Wechselbank und die Pfälzer Bank nicht da sind. Diese sind mir eben gerade eingefallen. Es sind aber gewiss eine ganze Anzahl grösserer Banken, die ebenfalls nicht beteiligt sind.

Dann möchte ich noch darauf aufmerksam machen, dass man sich nicht auf den Standpunkt stellen darf, als ob, wenn eine kommunale Anleihe vergeben wird, nur die im Umkreise der Stadt domizilierenden Banken und Bankiers sich darum bewerben. Das ist ganz unrichtig. In neuerer Zeit, wo die Sparkassen fast sämtliche Kommunalobligationen zu kaufen in der Lage sind, bewirbt sich um eine Königsberger Anleihe vielleicht die Pfälzer Bank in Ludwigshafen, um eine Konstanzer Anleihe vielleicht die Ostdeutsche Bank in Königsberg. Es ist also nicht anzunehmen, dass nur die nächstliegenden Banken sich für die Anleihe interessieren, sondern bei unsern heutigen Verbindungen werden die Banken, die hoffen, noch ein kleines Geschäft machen zu können, sich beteiligen, einerlei, wo sie gerade domizilieren. Ich glaube deshalb, dass die Städte dazu übergehen müssen, von dem Prinzip der beschränkten Submission ein für allemal abzugehen und dass sie ihre Anleihen in allgemeiner Submission ausschreiben müssen, so dass damit der Ringbildung an und für sich schon Einhalt gethan ist, weil eben dann die betreffenden Banken nie wissen, wer sich noch um eine Anleihe weiter bewirbt. Bei Worms haben wir ja gehört, dass es sich auch um eine beschränkte Submission gehandelt hat. Ich glaube, Worms hätte sonst ein besseres Resultat erzielt. Ich kann das auch durch Zahlen beweisen, denn während die Geldverhältnisse sich seit April ganz wesentlich verschlechtert haben, hat Kaiserslautern eine 4%ige Anleihe im Mai zu 100,82 begeben, Landau eine Anleihe von 800000 M. zu 100,27 (Zuruf: Wann?) — am 5. Juli d. J. — und Zweibrücken 1 Million am 19. August zu 100,03.

Sie sehen also, die Bankkonsortien und die Banken, die solche Anleihen übernehmen, sind zu der Überzeugung gekommen, dass mit dem 4%igen Typus sich noch ein kleines Geschäft machen lässt und submittieren deshalb auf 4%, und der Typus hat sich jetzt schon wesentlich eingelebt; das geht daraus hervor, dass die Übernahmekurse gestiegen sind. Hätte das Publikum den 4%igen Typus nicht gewollt, so wären die Übernahmekurse selbstverständlich nicht gestiegen.

Ich resumiere also dahin, indem ich bedaure, dass die kurze Zeit mir nicht gestattet, auf andere Punkte einzugehen: Ich möchte den Rat geben, die Städte sollen in der Form öffentlicher Submission ihre Anleihen ausschreiben und sollen sich durchaus dadurch nicht beunruhigen lassen, dass der Zinsfuss infolge der allgemeinen Verhältnisse auf 4% hinaufgegangen ist.

Stadtrat und Kämmerer **Körte**-Breslau: M. H.! Ich stimme im allgemeinen überall den Ausführungen des Herrn Vorredners zu. Ich bin insonderheit der Meinung, dass es eigentlich geradezu eine betrübliche Erscheinung ist, dass, während sonst die Stadtverwaltungen es als besonderen Vorzug ansehen, dem Leben unmittelbar näher zu stehen, die thatsächlichen Verhältnisse des Lebens viel mehr übersehen zu können wie Staats- oder sonstige Verwaltungen — dass nun gerade aus dem Schosse der städtischen Verwaltungen heraus dieser unbestimmte Verdacht erweckt worden ist, als ob die grossen Banken, das „Grosskapital", den Städten gegenüber eine besonders feindliche Stellung einnehmen und die Städte zu irgend etwas ihnen Unheilvollem zwingen wollen! M. H., ich meine, dieser Verdacht würde vielleicht nicht in dem Masse haben um sich greifen können, wenn nicht darüber, was überhaupt in den Bankgeschäften die treibenden Kräfte sind, vielfach, glaube ich, irrtümliche Vorstellungen existierten, hervorgerufen dadurch, dass man gerade nach dieser Richtung hin, hinter dem Treiben der Bank- und Finanzwelt, geheimnisvollere Dinge vermutet, als wirklich dort betrieben werden. Wer wie ich den Vorzug gehabt hat, einmal eine zeitlang sich mitten unter diesen Kreisen zu bewegen, der wird zunächst mit Überraschung wahrgenommen haben, wie auch hier lediglich „mit Wasser gekocht wird". Ich habe einmal ziemlich ³/₄ Jahre lang einem der auch heute hier erwähnten Häuser des Preussenkonsortiums angehört, habe mich selbst damals als „junger Mann" in diesem Geschäft intensiv bethätigen dürfen, auch an der Begebung von Stadtanleihen, und kann wirklich nur versichern, dass es durchaus in dem Sinne, wie der Herr Vorredner eben hervorhob, mit ungemein natürlichen Erwägungen bei solcher Gelegenheit zugeht.

Wenn gesagt wird, die grossen Bankkonsortien wollen auf die Städte einen Druck ausüben, um zu dem 4%igen Typus überzugehen, — dann setze ich dem die Frage entgegen, wie dies meinens Erachtens der Herr Vorredner schon mit Recht gethan hat: Warum sollen sie denn das thun? (Sehr richtig!) Was haben die grossen Banken denn für ein Interesse daran, die Städte zu irgend etwas zu zwingen, was nach Lage des jeweiligen Geldmarktes für sie nicht zweckmässig ist?!

M. H., ich habe nicht den geringsten Zweifel — und ich habe mich auch gerade deshalb zum Wort gemeldet, weil wir gegenwärtig auch gerade vor der Aufnahme einer Anleihe von 37 Millionen stehen, also auch gerade, wenn man will, besonders interessiert bei der Frage sind — ich habe nicht den geringsten Zweifel darüber, dass es für die eine Stadt heute durchaus zweckmässig sein kann, den 4%igen Typus zu wählen, während es für eine andere, je nachdem diese vielleicht mit einer kleinen, die andere mit einer grösseren Anleihe vorgehen will, momentan viel zweckmässiger sein kann, den 3½ %igen Typus zu wählen. Ich werde mir erlauben, das näher auszuführen. Ein grosser Fehler, m. H., wird meines Erachtens vielfach — auch in neuerer Zeit — von den städtischen Verwaltungen bei der Begebung von Anleihen dadurch gemacht, dass alsbald der ganze aufgenommene Anleihe-Betrag in engerer oder weiterer Weise in Submission gestellt wird. Das ist meines Erachtens der grösste Fehler, den man begehen kann. Das zweckmässigste ist doch wohl, dass man augenblicklich nur die Summe, die man braucht, begiebt und sich das übrige vorbehält, um auch seinerseits in der Lage zu sein, die jeweilige Konjunktur auszunutzen. (Sehr richtig!) Wir müssen eben gerade so Bankiers sein, wie es die grossen Banken sind.

Wenn ich beispielsweise hinweisen darf auf die Verhältnisse unserer Stadt Breslau, so habe ich erst vor wenigen Tagen Gelegenheit gehabt, mich sehr energisch dagegen auszusprechen, dass wir unsere neue Anleihe etwa zu 4% ausgeben, wie seitens einzelner Kaufleute in den massgebenden Korporationen auch vorgeschlagen wurde. Ich habe gesagt, dass eine Anleihe von so grossem Umfange, die eine grosse Reihe verschiedener Unternehmungen vorsieht, deren Ausführung sich auf ein Jahrzehnt und länger erstrecken wird, naturgemäss zweckmässig nicht auf einmal begeben werden kann. Denn was sollte man mit diesem ganzen Segen von Geld anfangen, den man auf einmal bekommen würde! Wir könnten es doch nicht gleich ausgeben. Wir müssen auch mit der weiteren Entwickelung auf dem Gebiete des Geldmarktes rechnen, und gerade so — was zu meiner Freude der Herr Vorredner schon ausführte — wie wir in den letzten 10, 15 Jahren ja ungemeine Veränderungen auf dem Gebiete des Geldmarktes gehabt haben, so werden wir auch in Zukunft Zeiten erleben, in denen wir einen niedrigen Zinsfuss haben, und wieder andere Zeiten, wo wir einen höheren Zinsfuss haben und je nach den Verhältnissen des Zinsfusses werden wir dann unsere $3^{1}/_{2}$ %igen Anleihen, sei es — wie jetzt — nur erheblich unter, sei es auch wieder einmal über pari abgeben können. Ich würde zum Beispiel, wenn ich den vom Herrn Oberbürgermeister Schustehrus als erschreckend bezeichneten Kurs von 95,75 für 8 Millionen Charlottenburger Anleihe für einen gleichen Betrag Breslauer Stadtanleihe jetzt oder zu Beginn des nächsten Jahres oder wann ich dazu kommen werde, den ersten Betrag meiner Anleihe zu begeben, erzielte, — ich würde, wenn ich diesen Kurs bekommen würde, ganz ungemein froh sein. Ich halte ihn bei dem gegenwärtigen Zinsfuss für einen ganz ausgezeichneten, und bin der Meinung, dass die Stadt Charlottenburg allen Anlass hat, dem Konsortium, das die Anleihe übernommen hat, sehr dankbar zu sein. (Heiterkeit.) Ich bin aber andererseits auch der Meinung und rechne darauf, dass wir im Verlauf der nächsten zehn Jahre, da erfahrungsgemäss auf jeden Aufschwung der Industrie Zeiten des Stillstandes, wenn nicht gar des Niederganges folgen, dann auch wieder einmal Verhältnisse bekommen werden, wo der Zinsfuss ein erheblich niedrigerer sein, wo also der Effektenkurs erheblich steigen wird, und ich bin fest überzeugt, dass man dann, nach vielleicht vier, fünf Jahren — prophezeien will und kann ich nach dieser Richtung hin nicht — gewiss für die $3^{1}/_{2}$ %igen Anleihen auch wieder einmal einen Kurs von 103 bekommen wird, wie wir ihn bekommen haben beispielsweise im Jahre 1896, als wir unsere damals 4%igen Stadtobligationen auf $3^{1}/_{2}$ %ige konvertierten. M. H., damals hat die Stadt ein so glänzendes Geschäft gemacht, und zwar durch Mitwirkung eines Konsortiums, wie sie es überhaupt noch nie gemacht hat. Wir konvertirten etwa $17^{1}/_{2}$ Millionen, und das Konsortium, das das Geschäft sehr zum Ärger der eingeborenen Breslauer Bankhäuser, übernahm, stellte uns damals ungemein günstige Bedingungen: es bekam $^{1}/_{5}$ % Provision für alle zur Konvertierung eingereichte Stücke, während es die nicht eingereichten zu 102,47 seinerseits übernahm. Das Konsortium hat damals freilich, während wir, die Stadtgemeinde, einen Verdienst von etwa 265000 M. bei diesem Geschäft machten, seinerseits sehr schlechte Geschäfte gemacht. Ich konnte ihm einen Verlust an diesem Geschäft von etwa 70000 M. nachrechnen. Das hat mich auch weiter nicht gerührt, denn ebenso wenig, wie das Konsortium um unserer schönen Augen willen das Geschäft machte, machten wir ja dasselbe um der schönen Augen des Konsortiums willen. Ich meine, ein derartiger Verlauf eines Geschäfts ist doch auch ein ganz naturgemässer. Ein Bankier, oder ein Konsortium von Banken, rechnet eben einmal absolut richtig, weil die Verhältnisse, die sie vorhergesehen haben, wirklich eintraten, sie rechnen das andere Mal nicht richtig, weil die

Verhältnisse nicht in der erwarteten Weise eintreten. In unserem Falle waren die Verhältnisse derart, dass die einheimischen Geschäfte über dieses dem auswärtigen Konsortium zugefallene Geschäft nicht sehr erfreut waren und ihm ihre Mitwirkung an demselben Geschäft in Breslau versagten. So blieb das Konsortium, das sich aus zwei Berliner Firmen zusammensetzte, auf den von ihm übernommenen Anleihescheinen, wie man zu sagen pflegt, sitzen und sitzt wohl zum Teile auch heute noch darauf.

M. H., dabei möchte ich auch auf eins aufmerksam machen: dass nämlich meines Erachtens von sehr vielen Stadtverwaltungen der Wert der Notierung des Kurses ihrer Stadtanleihe in Berlin ungemein überschätzt wird. Wir haben seinerzeit, den allgemein gehegten Wünschen zum Teil sehr einflussreicher Finanzleute in der Stadtverordneten-Versammlung Folge gebend, mit in die Konvertierungsbedingungen aufgenommen, dass unsere Anleihe in Berlin notiert würde. Ich persönlich habe von vornherein auf grund meiner Kenntnis der Verhältnisse gar keine Zweifel daran gehabt, dass das ein reines Schaustück sein würde, dass von Zeit zu Zeit einmal ein Kurs notiert sein würde, im wesentlichen aber sich die Einführung der Breslauer Stadtanleihe an der Berliner Börse auf Nichtnotierung eines Kurses beschränken würde, und so ist es in der Hauptsache auch gekommen. Ich stimme ja dem, was der Herr Vorredner ausgeführt hat, bei, dass in neuerer Zeit im allgemeinen die Notierung auch an anderen Börsen und die nicht ausschliessliche Berücksichtigung des lokalen Marktes angezeigt sein wird. Ich glaube aber, dass wir in dieser Beziehung doch erst auf dem Wege der Entwickelung sind, hervorgerufen durch diejenigen Verhältnisse, die der Herr Vorredner ausführte und die ich deshalb nicht noch einmal näher berühren will.

Der wichtigste Punkt, wenn gefragt wird, was sollen die Städte thun, um für sie ungünstigen Geldmarkt-Verhältnissen zn begegnen, ist meines Erachtens, dass sie sich einmal rechtzeitig überlegen: welches ist der günstigste Zeitpunkt, um mit der Anleihe herauszukommen, dass sie es thunlichst vermeiden, in Zeiten eines besonderen Hochganges der Industrie mit grösseren Anleihebeträgen an den Markt zu kommen. Wer aber in solchen Zeiten in der Lage ist, momentan eine Anleihe aufnehmen zu müssen, dem kann man, meine ich, nur den Rat geben, er komme mit so wenig an den Markt, wie irgend möglich und spare sich alles andere zur Begebung in besseren Zeiten. Ich glaube, ein anderes Mittel wird überhaupt nicht zu geben sein, denn die Verhältnisse des Geldmarktes sind ja doch nichts Künstliches und nichts besonders Gemachtes, sondern sie ergeben sich aus der allgemeinen Konjunktur des ganzen Wirtschaftslebens. Unsere jetzigen ungemein gesunkenen Effektenkurse, unser nach längerem stärkeren Sinken verhältnismässig plötzliches starkes Steigen des Zinsfusses — ich glaube, das verdanken wir, abgesehen von dem erfreulichen Blühen der Industrie, zum nicht geringen Teil auch unseren Herren Agrariern, die seinerzeit in ungemein überstürzter Weise mit der Konvertierung der landschaftlichen Pfandbriefe vorgegangen sind. Sie scheinen es ja selbst eingesehen zu haben, dass das ein Fehler war und möchten anscheinend den Schritt nicht ungern wieder zurück thun. Beispielsweise unsere schlesische Landschaft will — wenn ich recht unterrichtet bin — anfangen, wieder 4 %ige Pfandbriefe herauszugeben, weil sie merkt, dass das ein Fehler gewesen ist.

Bezüglich der Frage, was eigentlich die Städte thun sollen, um sich den Banken gegenüber zu „koalieren", wie mehrfach erwähnt wurde, möchte ich zunächst noch warten, was darunter verstanden wird und was da für praktische Vorschläge gemacht werden. Ich für meine Person bin nicht zweifelhaft darüber, dass eine Koalition gerade auf diesem Gebiete undurchführbar ist. Ich wüsste nicht, welches Mittel man wählen sollte. Ein Mittel, von dem ich wohl gehört habe, dass man daran denkt, scheint mir so unmöglich, wie nur irgend denkbar. Ich werde mir aber vorenthalten, darauf eventuell im Laufe der späteren Erörterung einzugehen.

Oberbürgermeister **Beck**-Mannheim: M. H.! Wenn der Herr Referent und auch mein hochgeschätzter Kollege aus Charlottenburg zu der übereinstimmenden Ansicht gelangt sind, dass die Bildung von Bankkonsortien behufs Übernahme von städtischen Anlehen sich als nachteilig für die Kommunen erwiesen habe und deshalb eine Gegenaktion einzuleiten sei, so stehe ich auf einem durchaus diametral entgegengesetzten Standpunkte, und ich berufe mich dabei, wie es auch die Herren Vorredner für ihre Städte gethan haben, auf die Erfahrungen in der Stadt Mannheim, die ich zu vertreten die Ehre habe. Unsere 3 letzten Anleihen aus den Jahren 97, 98 und 99 betrugen zusammen 19 Millionen und im ganzen haben wir in den letzten 16 Jahren ca. 43 Millionen teils durch Heimzahlung bezw. Konversion, teils zur Bestreitung des Aufwands für grössere Unternehmungen aufgenommen. Ich füge jedoch sofort bei, dass der noch effektiv bestehenden Schuldenlast ein beträchtliches Grundstocksvermögen und gut rentierende Anlagen gegenüber stehen, so dass namentlich auch im Vergleiche zu anderen Städten unser Schuldenstand als ein durchaus befriedigender erscheint. Von diesen 9 Anleihen wurden 7 über und 2 unter pari, 20 Millionen zu 4 % und 23 Millionen zu 3½ % und von diesen 23 Millionen nur 12 Millionen knapp unter pari begeben. Bei diesen Anleihensaufnahmen, bei denen fast in jedem Falle Bankkonsortien auftraten, hat sich nun die unbestreitbare Thatsache ergeben, dass bis jetzt die ad hoc gebildeten Konsortien von Banken der Stadt keinerlei, auch nicht die mindeste Benachteiligung gebracht haben. In den Koalitionen der Banken mussten wir insofern einen erheblichen Vorteil für unsere Stadt erblicken, als ohne dieselben die Begebung der Anleihen kaum oder jedenfalls nur schwer möglich gewesen wäre. Denn nach meinem Dafürhalten kann nur ein Konsortium von Banken das grosse Risiko der Übernahme einer grösseren Anleihe eingehen, d. h. Gefahr laufen, unter Umständen jahrelang viele Millionen in schwer verkäuflichen Obligationen einer Kommune in ihren Tresors zu haben. Nur mit Rücksicht auf die partielle Beteiligung der einzelnen Banken, d. h. nur deshalb, weil nur kleinere Teile des ganzen Anleihens auf die einzelnen Banken entfallen, verstehen sich in zahlreichen Fällen dieselben überhaupt zur Übernahme. Hierin — in dem Bestreben nach Verminderung des im Verhältnisse zu dem eventuellen bescheidenen Gewinne lästigen Risikos der schweren Verkäuflichkeit der städtischen Obligationen, nicht in dem Bestreben möglichster Ausbeutung der Städte und der Erzielung der höchsten Profitrate, liegt sehr häufig das Motiv zur Bildung von Konsortien. Die im sonstigen wirtschaftlichen Leben bei Ringbildungen massgebenden Gründe entfallen hier fast vollständig.

Aber der Herr Referent und auch der Herr Oberbürgermeister aus Charlottenburg haben diese Ringbildung durch Berufung auf bestimmte Fälle — namentlich die Anlehensaufnahmen der Städte Worms und Charlottenburg — zu beweisen gesucht, die wegen des Vorgehens der Banken zu einem angeblich „erschreckend niederen Kurse“ ihre Anlehen begeben mussten. Ich vermag dieser Anschauung entgegenzutreten, da wir in Mannheim in der kritischen Zeit ebenfalls ein Achtmillionen-Anlehen zu begeben hatten.

Bezüglich des Wormser Falles hat schon der dortige Herr Bürgermeister uns soeben die näheren Verhältnisse geschildert, und betont, dass von einer für die Stadt nachteiligen Bankkoalition nicht gesprochen werden könne und dass namentlich die Stadt — aus irgend welchen, hier nicht näher zu erörternden Gründen — gar nicht an die Öffentlichkeit des Geldmarktes mit der Bitte um Bewerbungen für ihr Anlehen herangetreten sei. Wenn dann Worms einen niederen Kurs, wie der Herr Referent des näheren ausführte, erzielte, so mag dies in der nur auf einige wenige Banken beschränkten Einladung und in dem damaligen rapiden Sinken der Staatspapiere seinen Grund gehabt haben. Ebensowenig beweiskräftig ist die Berufung auf Charlottenburg. Wie der Herr Oberbürgermeister selbst anführte, hat auch hier die Stadt sich nur an eine kleine Zahl von Banken gewendet und deshalb nur eine einzige Offerte und zwar mit einer — übrigens durchaus nicht ungerechtfertigten zeitlichen Begrenzung der Giltigkeit des Angebots auf 6 Tage erzielt.

Wenn der Herr Kollege daraus aber den Beweis einer Ringbildung der deutschen Banken gegen die Städte folgern will, so kann ich den eklatanten Gegenbeweis dadurch führen, dass wir in Mannheim nur kurze Zeit nach dem 24. April, nämlich am 9. Mai, unser Achtmillionen-Anleihen unter Beteiligung von fünf grossen Bankkonsortien mit nach Pfennigen abgestuften Offerten und zwar zu einem gegenüber den unmittelbar vorhergehenden Städten Worms, Pforzheim etc. durchaus günstigen Kurse von 100,20 begeben haben. Kann man dann aber von einer Ringbildung deutscher Banken, die gegenüber Charlottenburg in die Erscheinung getreten sein soll, überhaupt reden, wenn kaum zwei Wochen nachher der Stadt Mannheim gegenüber schon wieder fünf getrennt operierende Bankkonsortien auftreten? Auch die von dem Herrn Oberbürgermeister aus Charlottenburg versuchte Widerlegung der Ausführungen des Herrn Kollegen aus Halle halte ich nicht für stichhaltig. Denn dass im Hallenser Falle die Provinzialbanken nur aus Gefälligkeit und ohne Berücksichtigung des Berliner Geldmarktes gehandelt haben, ist unwahrscheinlich. Soweit geht der Lokalpatriotismus denn doch nicht, und unsere Provinzialbanken stehen stets in engstem Kontakte mit dem Berliner Börsenemporium und nehmen fast immer in ihre Konsortien auch Berliner Firmen auf.

Aber auch die Ausführungen der erwähnten beiden Herren Redner, es bezweckte die angebliche Koalition der Banken einen Zwang gegen die Städte zur Wahl des 4 %igen Typus gegenüber dem allein gerechtfertigten 3½ %igen Typus, muss ich entschieden bekämpfen, indem ich der Argumentation eines so gewiegten Fachmannes, wie des Herrn Stadtrats Homburger aus Karlsruhe, durchaus beipflichte. Nicht die Banken, die überhaupt kein Interesse an einem Zwange zu einem bestimmten Anleihenstyp haben und unter Umständen an einem 3½ %igen Anleihen mehr als an einem 4 %igen verdienen können, zwingen den Städten den 4 %igen Zinsfuss auf, sondern das Publikum ist es, welches nach dem heutigen Stande des Geldmarktes 3½ %ige Städtepapiere nicht aufnimmt. Wem sollen aber die Banken die von den Städten massenhaft übernommenen Kommunalobligationen überhaupt verkaufen? Können wir denn verlangen, dass die Banken fort und fort ihre Aktienkapitalien vergrössern, nur um ihre Portefeuilles mit Städtepapieren zu füllen, die ohnehin einen so beschränkten Markt haben?

Wenn ferner Herr Dr. Jastrow ausführt, dass die Banken in ihrem Bemühen, uns den 4 %igen Typ aufzunötigen, denselben anfänglich zu verzuckern versuchten durch einen höheren Kurs, dass aber die Städte sich hierdurch an dem Festhalten des 3½ %igen Typ nich beirren lassen sollten, so befinde ich mich mit dieser Ausführung im allerschärfsten Gegensatze. Ich würde mit solchen Vorschlägen bei meinen Gemeindekollegien keine Gegenliebe finden. Ich weise vor allem auf das bisher in der Diskussion noch gar nicht berührte Moment der Konversion hin, d. h. bei annähernd gleichem Werte eines Angebotes auf $3\frac{1}{2}$ %ige und 4 %ige Anleihen muss ich, wenn ich nicht die Stadt schädigen will, den letzteren Typ schon um deswillen bevorzugen, weil ich dann nach fünf Jahren oder später eine wieder einmal eintretende günstigere Konjunktur des Geldmarktes sofort zur Konversion in ein $3\frac{1}{2}$ oder gar 3 %iges Anlehen ausnützen kann, während ich mit einem $3\frac{1}{2}$ %igen Anlehen in der Regel dauernd festsitze.

Können aber denn die Städte überhaupt eine günstigere Position in der Wahl des Typus verlangen, als die doch in viel günstigerer Lage befindlichen und mit grösserem Einflusse ausgestatteten Staaten, von denen ja auch der hessische Staat, dessen Finanzen von einem so tüchtigen Manne — unserem früheren hochgeschätzten Kollegen — geleitet werden, sich zu einem 4 %igen Anlehen entschliessen musste? Stehen denn nicht — wie wir seit zwei Jahrzehnten kontrolieren können — die Kurse der Städtepapiere stets in annähernd dem gleichen Verhältnisse zu den Kursen der deutschen Staatspapiere?

Kurz möchte ich nur noch berühren die offenbar viel zu hoch taxierten Gewinne der Banken an den städtischen Anleihen. Hier giebt es gar kein Geheimnis; denn die Differenz zwischen dem Begebungs- und Ausgabekurse wird ja sofort bekannt, und sie ist regelmässig eine sehr mässige und der pekuniäre Gewinn der Banken — bei den nicht unerheblichen Unkosten — ein recht bescheidener; ohne Gewinn aber kein Geschäft. Bei dem grossen Risiko der schweren Verkäuflichkeit, da wir ja keine Bonifikationen wie die Hypothekenbanken zahlen, sind aber Verluste der Banken und namentlich eine sehr lästige Behinderung in der Aktionsfreiheit der Bank und der Disposition über die festgelegten Summen durchaus nicht selten, wie wir auch in der von mir vertretenen Stadt erlebt haben. Nun haben wir allerdings darüber keine Thränen vergossen, da, wie der Herr Vertreter aus Breslau mit Recht hervorhebt, auch die Banken nicht bloss unserer schönen Augen willen das Geschäft abschliessen. Aber ist es denn angenehm, zu wissen, dass ein Bankkonsortium mit den übernommenen Städtepapieren festsitzt und sie nur mit Verlust losbekömmt? Muss es nicht auch der Stadt erwünscht sein, wenn die Banken schlank ihre Papiere losschlagen können und einen immerhin recht mässigen Profit erzielen, statt bei der nächsten Anlehensbegebung durch frühere schlimme Erfahrungen abgeschreckt zu werden?

Und, m. H., welches Ziel streben Sie denn an? Ich bin sehr begierig, in dem zweiten Teile der heutigen Verhandlungen zu erfahren, welche Mittel für eine anderweitige Befriedigung des Kreditbedürfnisses der Städte man uns in Vorschlag bringen will, und werde mir erlauben, eventuell noch einmal dann das Wort zu erbitten. Mit dem mehrfach erwähnten Zusammenschluss der deutschen Städte gegen die Banken bin ich durchaus nicht einverstanden. Eine Koalition der deutschen Banken, so eine Art Verschwörung derselben gegen die Städte, besteht sicherlich nicht, und sie würde nach meinen Erfahrungen auf dem Geldmarkte, dem ich doch auch einige Beachtung schenken muss, bei den widerstreitenden Interessen der einzelnen Bankgruppen auch nicht leicht zustande kommen. Würde aber nicht eine ohne zwingenden Grund geschlossene Koalition der Städte, wie sie erstrebt wird, auch unter Umständen eine Koalition der Banken hervorrufen können, die heute gar nicht daran denken, auf deren Mithilfe aber bei Anlehen gar nicht verzichtet werden kann? Denn Druck erzeugt Gegendruck. Würde aber dann das Ergebnis nicht für die Städte schlimmer sein?

Diskutierbar wäre vielleicht eine Einigung über die generellen Bedingungen, unter denen die Städte ihre Anlehen begeben wollen, wie über die Vergütung bei der Einlösung der Coupons, der verlosten Schuldverschreibungen, über die Sicherheitsleistungen sowohl für die Vertragserfüllung, als auch für die noch nicht bezahlte Valuta, über die Solidarhaft der in den Konsortien vereinigten Submittenten etc.; hierin sind uns allerdings manche Vergünstigungen im Laufe der Zeit von den Banken abgerungen worden durch den Hinweis der Banken auf andere Städte, die zur Erzielung eines günstigen Kurses sich zu Konzessionen verstanden haben. Und namentlich geschah dies durch die Seehandlung, die teils allein, teils mit Konsortien offerierte, aber eine Sonderstellung in den Bedingungen beanspruchte.

Aber auch eine solche Einigung hat erhebliche Bedenken gegen sich. Denn mit gleichem Rechte können sich auch die deutschen Banken einigen über gewisse, bei den kommunalen Anleihen zu stellende Minimalbedingungen, die dann wohl auch für die Städte verbindlich würden, weil es die Geschäftsehre eines angesehenen Bankinstituts verbieten würde, davon abzuweichen, auch dann, wenn der Geldmarkt wieder für die Städte sich günstiger gestaltet.

Ich resumiere meine Ausführungen dahin: Die Erfahrungen haben keinerlei Schädigungen der Städte aus der bisherigen Anlehensbegebung und namentlich keinerlei Ringbildungen der Banken gegenüber den Städten erwiesen oder auch nur wahrscheinlich gemacht, wohl aber wären aus einem gemeinsamen Vorgehen der Städte, gegen das ich hiermit meine warnende Stimme erhebe, nachteilige Folgen zu erwarten. (Beifall.)

Kämmerer Stadtrat **Schaff**-Königsberg: M. H., bei der vorgerückten Zeit weiss ich allerdings nicht, ob es in Ihrem Sinne ist, wenn man überhaupt noch spricht. Ich habe ja auch das Gefühl, dass wir schon ein bisschen viel gehört haben. Aber immerhin glaube ich doch, dass ich ein par Daten geben könnte, die vielleicht von Interesse sein möchten, und zwar weniger deswegen, weil wir (wie schon von anderer Seite erwähnt) erst vor acht Tagen 5 Millionen Anleihe haben zu 4 % begeben müssen, als weil die Stadt Königsberg seit 1874 und speziell in den 15 Jahren meiner dortigen Amtsthätigkeit die verschiedensten Anleihebeträge und zu den verschiedensten Zwecken und Zeiten hat ausgeben und wir dabei wiederholt mit Banken und Bankkonsortien haben arbeiten müssen.

Die Erfahrungen nun, die ich in dieser langen Zeit und bei den verschiedenen Anleihebegebungen gemacht habe, gehen dahin, dass Schwankungen in den Kursen unvermeidlich sind, dass diese sich nach den Zeitverhältnissen und der Lage des Geldmarktes richten und dass eine die Stadt benachteiligende Ringbildung der Banken nicht zu konstatieren gewesen ist.

Was zunächst die bei Anleihebegebungen erzielten Kurse betrifft, so sind dieselben nach den Zeitverhältnissen verschieden gewesen, ebenso die geforderten Zinsen. Dass aber die Banken uns gehindert hätten, zu $3^1/_2$ % Zinsen zu begeben, trifft für Königsberg sicher nicht zu. Und wenn heute über ungünstige Zeiten für städtische Anleihebegebungen und überhaupt über Schwierigkeiteu dabei geklagt wird, so bin ich aus der Königsberger Anleihegeschichte in der Lage, nachzuweisen, dass solche Zeiten und solche Klagen auch früher schon, und zwar bei ähnlicher Lage des Geldmarktes als der heutigen, dagewesen sind, nämlich 1874 zu Ausgang der sogen. Gründerzeit. Damals sollte die erste der für die neuere Entwickelung der Stadt Königsberg und zwar für Einführung der Wasserleitung nötige Anleihe von 3300000 M. begeben werden, aber die Zeit lag damals so wenig günstig, dass überhaupt keine Bank die Anleihe übernehmen wollte, und da blieb uns nichts übrig, als wir nahmen unsere Zuflucht zum Reichsinvalidenfonds. Dieser hat damals diese Anleihe zu $4^1/_2$ % Zinsen gegen Schuldschein und mit der Bedingung übernommen, dass die Stadt diese Schuld jederzeit nach halbjährlicher Kündigung mit 3 % des ursprünglichen Betrages verstärkt amortisieren dürfe. Diese $4^1/_2$ %ige Anleihe haben wir bis zum Jahre 1886 gehabt. Seit 1887 haben wir von unserm Recht Gebrauch gemacht, haben die verstärkte Amortisation angemeldet und die $4^1/_2$ %ige Schuld innerhalb 10 Jahren durch verstärkte Amortisation abgestossen und successive in eine $3^1/_2$ %ige Anleihe umgewandelt. Aber bezeichnend ist doch, dass vor nunmehr 25 Jahren sich der Privatkredit nicht bereit fand, einer aufstrebenden Provinzialhauptstadt Geld zu borgen, obwohl es sich nur um wenig mehr als eine Million Thaler handelte und noch dazu für einen einträglichen Zweck, bei dem die Verzinsung des Anlagekapitals von vorn herein sicher war. — Weiter mussten wir im Jahre 1877 eine kleine Anleihe von $1^1/_2$ Mill. M. aufnehmen. Damals muss es noch schlimmer gelegen haben, denn es fand sich kein Mensch, der die Anleihe übernehmen wollte. Da wurde sogar ein Vertrag gemacht mit der Gothaer Bank, welche den grossartigen Betrag von einer halben Million fest, auch zu $4^1/_2$ % Zinsen gegen Schuldschein übernahm. Der Rest dieser Anleihe ist dann 1877 und ferner eine Anleihe von 1881 von nur einer Million Mark (in, ich möchte sagen: homöopathischen Dosen) verhökert worden, und zwar mit Hilfe der Königsberger Lokalbanken, welche in dankenswerter Weise nach Bedarf kleine Beträge abnahmen und am Orte unterbrachten. Weiter mussten wir im Jahre 1885 eine Anleihe von 2 Mill. M. aufnehmen und auch diese wurde in Beträgen von einer halben Million an Königsberger Banken, zuerst zu 4 %, später zu $3^1/_2$ % verzinslich vergeben. Die Erfahrungen, welche wir bei dieser Art der Anleihebegebung lediglich am Orte und an einheimische Bankhäuser machten, führten uns dahin, den weiteren Markt aufzusuchen und grössere Beträge von $1^1/_2$ bis 2 Mill. auszugeben, zuletzt von 5 Mill. In dieser letzteren Weise hat die Stadt Königsberg seit 1889 successive 22 Mill. Stadtanleihen begeben und sind dabei die Kurse, je nach der Zeitlage, sehr verschieden gewesen. Wir haben für $3^1/_2$ %ige Anleihen bekommen: im November 1886: 98,8, im April 1887: 96,30, im März 1888: 97,05, im Juni 1890: 94 und im September 1890: 95,01. Im Jahre 1892 (März) waren die Chancen für $3^1/_2$ % schlecht, deshalb begaben wir 2 Mill. 4 %ige Anleihen zu 101,70; dagegen später wieder $3^1/_2$ %ige Anleihen. Im März 1893 zu $96^5/_8$, im September 1894 zu 99,11; dann kamen gute Kurse für $3^1/_2$ %ige Anleihen. Denn wir erhielten im April 1895: 102,06 (für 2 Mill.), dann im Jahre 1897 ein parmal 100,10 (für 3 Mill.) und noch im Februar 1898 für 3 Mill. 99,47, während wir für $1^1/_2$ Mill. $3^1/_2$ %ige Anleihen schon im Oktober 1898 nur 96,01 erzielten. Schon im Herbst 1898 war der Markt für $3^1/_2$ %ige Stadtobligationen wenig günstig und diese ungünstige Gestaltung hat bis heute angehalten und sich nur versteift, so dass selbst Frankfurt a. M. diesen Sommer für 6 Mill. $3^1/_2$ %ige Anleihen nur $92^3/_4$ erhalten hat, während München für 11 Mill. etwas früher noch 94 erzielt hat und ebenso Köln für 8 Mill. noch $95^1/_2$. Das ist wohl auch der Anlass gewesen, weshalb der hessische Staat $21^1/_2$ Mill. M. in diesem Frühjahr zu 4 % verzinslich ausgegeben hat und ebenso einzelne Städte gleichfalls zu 4 %, wie Elberfeld, Barmen, Pirmasens, Düren, Worms etc.

Dass wir bei solchen Vorgängen nicht mit zu grossen Erwartungen an die Begebung unserer letzten 5 Mill. herangegangen sind, ist wohl begreiflich. Aber wir hatten den Zeitpunkt nicht in der Hand, wenigstens insofern nicht, als wir das Anleiheprivileg erst am 22. Juli 1899 ausgefertigt erhalten haben, also früher gar nicht an die Begebung denken konnten. Und längeres Warten lag deshalb nicht in unserer Macht, weil wir das bare Geld dringend brauchten — und selbst wenn wir hätten warten können: wer hätte uns dafür stehen können, dass dies richtig gewesen wäre bezw. dass wir dadurch einen besseren Begebungskurs hätten erzielen können? So haben wir denn die Dinge genommen, wie sie lagen, und haben im August Angebote auf 5 Mill. M. alternativ zu 3½ oder 4 % verzinslich eingefordert, schon mit wenig Hoffnung auf 3½ %ige Verzinsung. Und als Angebote auf 4 %ige Verzinsung eingingen, haben wir ohne Zögern uns zur Zahlung von 4 % entschlossen. Denn wir haben stets daran festgehalten, dass die Anleihebegebung ein Handelsgeschäft ist, dass der Wert der Ware sich nach der jeweiligen Lage des Marktes verschieden gestaltet und dass also auch der Zinsfuss sich hiernach richten muss. Die Zeiten werden sich aller Erfahrung nach auch wieder ändern und dann ist eine Konvertierung der Anleihen nicht ausgeschlossen. Auch dies habe ich in Königsberg praktisch durchgemacht. Denn es ist in den Jahren von 1888 bis 1890 gelungen, alle früheren höher verzinslichen Stadtanleihen auf 3½ % Verzinsung zu konvertieren, und zwar ist uns dies sogar ohne Mitwirkung von Banken gelungen. Wir haben den Inhabern eine geringe Konvertierungsprämie angeboten und nur zum Umtausch und zur Abstempelung der Anleihescheine sind in Berlin einige Bankstellen gegen Provision für uns thätig gewesen. Meines Erachtens kann aus den gegenwärtigen Verhältnissen nichts dafür gefolgert werden, dass eine Konvertierung mit ähnlichen Ergebnissen in der Zukunft ausgeschlossen sei; man wird lediglich den richtigen Zeitpunkt abwarten müssen.

Nun sind aber die mitgeteilten Ergebnisse der Anleihegebungen (Begebungskurse) durchweg auf Grund derselben Begebungsbedingungen erzielt, was mir für die Beurteilung nicht unwesentlich zu sein scheint; denn es ist meines Erachtens keineswegs gleichgiltig, welche Übernahmebedingungen den Banken gestellt werden und verschiedenartig gestellte Anforderungen erzielen sicherlich auch verschiedenartige Kurse. In Königsberg sind wir seit langen Jahren nach denselben festen Grundsätzen bei Anleihebegebungen verfahren, mit denen wir gute Erfahrungen gemacht haben und von denen wir deshalb auch bei der neuesten Begebung der 5 Mill. nicht abgewichen sind.

Erstens bieten wir immer in beschränkter Submission aus, d. h. wir wählen uns die Banken aus, von welchen wir Angebote wünschen und behalten uns stets vor, alle Angebote abzulehnen. Den Weg der öffentlichen Submission haben wir noch niemals betreten, einfach, weil nach unseren Erfahrungen die grösseren Banken diesen Weg ablehnen und uns Geldleute immer davon abgeraten haben. Es würde ja von grossem Interesse sein, zu erfahren — und ich glaube, das wäre etwas Positives, was aus der heutigen Besprechung herauskommen könnte —, wo solche öffentlichen Submissionen stattgefunden haben, und ob sie mit Erfolg stattgefunden haben. Ich muss gestehen, dass man nach dieser Richtung hin sichere Nachrichten wenig genug erfährt.

Zweitens ist die Anzahl der Banken, an die wir uns wegen Offerten wenden, eine ziemlich grosse (bei der letzten Begebung haben wir uns an 30 Firmen gewandt) und beschränkt sich weder auf Berlin, noch etwa auf Norddeutschland, sondern wir versuchen möglichst in allen Gegenden Deutschlands Interessenten ausfindig zu machen. So haben wir z. B. bei der letzten Anleihe ausser den bedeutendsten Berliner Firmen auch süd- und westdeutsche Banken angefragt, und wir haben damit auch Erfolg gehabt; und auch in früheren Fällen sind es keineswegs immer die Berliner Institute gewesen, welche für unsere Anleihen den besten Kurs geboten haben, vielmehr sind auch Banken in kleineren Plätzen bestbietende und Abnehmer gewesen.

Drittens haben wir stets die Einführung an der Berliner Börse zur Bedingung gestellt, um unsere Anleihen möglichst marktfähig zu machen. Das kostet uns nichts, hat aber ausserdem den Vorteil, dass im gegebenen Zeitpunkte doch eine bestimmte Stelle existiert, an der sich Einwirkungen auf den Kurs der Papiere ermöglichen lassen. Für die Umlaufsfähigkeit der Anleihen ist dies aber jedenfalls von grösster Bedeutung; namentlich ist ihnen demzufolge auch die Lombardfähigkeit seitens der Reichsbank ohne Bedenken erteilt. Schwierigkeiten in der Erfüllung dieser Forderung haben uns die Banken niemals gemacht; wie ich überhaupt erwähnen will, dass an unsere Bedingungen seitens der Banken niemals gemäkelt worden ist. Dies ist von Bedeutung, da wir auf den verschiedensten Banken und zu verschiedensten Zeiten zu thun gehabt haben, und man hätte, wenn die Bedingungen sich als ungangbar oder unpraktisch gezeigt hätten, doch wohl von den Banken hören können: eure Bedingungen passen uns nicht. Allein es ist niemals irgendwie daran gemäkelt worden. Nur die Seehandlung als staatliches Institut hat, wenn sie sich beteiligte, uns immer darauf hingewiesen: wir sind als staatliches Institut von jeder Kautionsleistung frei.

Das kommt beim vierten Punkte in Betracht, nämlich bei der Kautionsleistung. Wir haben nämlich stets Kaution gefordert, sowohl als Bietungskaution bis zur Regulierung der Valuta, wie auch als Unterlage für den Banken gestundete Valuten. Die Banken haben uns bereitwillig Wechselunterlagen gegeben, und wir haben natürlich ohne weiteres darin gewilligt, dass sie die bei uns hinterlegten Wechsel jederzeit und ohne Aufenthalt aus unserm Tresor herausbekommen und umtauschen konnten. Selbst erste Firmen haben nicht verlangt, dass die Niederlegung bei der Bank des Berliner Kassenvereins erfolgen müsse, sie haben uns vielmehr effektiv Faustpfand in unser Tresor geliefert.

Fünftens haben wir allerdings den Banken niemals zugemutet, gratis als Zahlungs- und Einlösungsstellen zu fungieren, haben ihnen vielmehr stets eine kleine Vergütung für Einlösung des Coupons in unsern Bedingungen zugebilligt, nämlich: $^1/_8$ $^0/_0$ für Bezahlung der Coupons und $^1/_{10}$ $^0/_0$ für Einlösung verloster Stücke.

Schliesslich haben wir mit dem Begebungsgeschäft auch immer ein Darlehnsgeschäft insofern verbunden, als wir dem Übernehmer den Teil der Anleihevaluta gegen Verzinsung belassen haben, welchen wir zur Zeit der Abnahme nicht in bar brauchten. Freilich nur gegen Sicherheitsleistung. So haben wir bei der vor acht Tagen begebenen Anleihe uns vorbehalten, dass der Abnehmer auf unsern Wunsch bis 3 Millionen von den 5 Millionen bis zu Ende März des nächsten Jahres behalten muss, und haben Angabe des Zinsfusses gleichzeitig mit Angabe des Übernahmekurses gefordert. Darauf sind uns einfach 4$^0/_0$ Verzinsung bis Ende März fest geboten. Das ist doch wohl kein schlechtes Geschäft, wenigstens nach unserer Auffassung. Zu 4$^0/_0$ verzinslich geben wir die Schuld aus, nehmen successive die Beträge ab, welche wir brauchen und erhalten den Rest mit 4$^0/_0$ bis Ende März 1900 verzinst.

Nun, m. H., gestatten Sie mir noch, mich zu der Frage zu äussern, ob eine Ringbildung besteht und nach welcher Richtung. Als die Einladung zu dieser Versammlung in unsere Hände kam, war es mir interessant, aus dem Begleitschreiben zu entnehmen, dass von einer Ringbildung die Rede war. Wir, m. H., in Königsberg haben bei jeder Anleihebegebung mit Gruppen von Banken zu thun gehabt, doch variierten dieselben unter einander sehr und immer sind uns Gebote von den verschiedensten Konsortien abgegeben worden. Aber, m. H., ich habe nur die Erfahrung gemacht, dass uns das günstig gewesen ist und muss gestehen, ich habe von etwaigen die Stadt benachteiligenden Ringbildungen auch nicht das mindeste bemerkt; namentlich kann ich auch nicht zugeben, dass unsere letzte Begebung (also die vor acht Tagen erfolgte) eine Ringbildung zu unserem Nachteil gezeitigt und gezeigt hätte. M. H., wir haben, da wir ja die ungünstige Lage des Geldmarktes aus den Erfahrungen anderer Städte kannten, uns von vorn herein sagen müssen, dass es zweifelhaft sei, ob wir unsere Anleihe überhaupt zu $3\frac{1}{2}$ % würden ausgeben können und wir haben alternativ, d. h. zu $3\frac{1}{2}$ % oder 4 % ausgeschrieben. Der Erfolg ist allerdings der gewesen, dass keine Offerte auf $3\frac{1}{2}$ % einging. Aber verwundern kann uns das nach den Vorgängen des letzten Frühjahres keineswegs, denn wenn eine Offerte zu $3\frac{1}{2}$ % gekommen wäre, würde man wahrscheinlich einen so niedrigen Kurs geboten haben, dass man an ihre Annahme nicht hätte denken können. Nur will ich einflechten, hätte man uns 95 angeboten, wie Charlottenburg, wir hätten es angenommen. Darüber waren wir uns ganz klar; wir hätten in Königsberg keinen Augenblick gezweifelt. M. H., wir haben vier verschiedene Angebote bekommen zu 4 %, jedes von einer Reihe von Banken und mit ganz geringen Kursdifferenzen. Die Seehandlung gemeinsam mit der Bank für Handel und Industrie und Warschauer & Co. hat den höchsten Preis mit 99,53 geboten mit der Verpflichtung, die Valuta auf unseren Wunsch bis zur Höhe von 3 Millionen bis Ende März nächsten Jahres gegen 4 % Verzinsung als Darlehen zu behalten. Eine zweite Gruppe von 7 Banken (darunter 2 in Königsberg, 2 in der Provinz Hannover) unter Führung der Deutschen Bank und von Delbrück Leo & Co. bot $99\frac{3}{8}$; eine dritte, bestehend aus der Breslauer Diskontobank und 8 weiteren Teilnehmern (worunter je 2 Banken in Hamburg und Königsberg, je eine in Bremen, Hannover, Oldenburg und Posen) bot 99,29, während eine vierte Gruppe, bestehend aus dem Schaaffhausenschen Bankverein, der Berliner Handelsgesellschaft und der Ostdeutschen Bank in Königsberg, 98 bot. Drei dieser Gruppen erklärten ausdrücklich, dass die Offerten mit Ausschluss der Solidarität abgegeben würden, bei einer Gruppe war über diesen Punkt nichts gesagt.

Nun, m. H., ich bin der Meinung, wenn vier Gebote eingehen, wenn auch von vier in Gruppen zusammengeschlossenen Banken mit ihrer Klientel — denn darauf kommt es doch immer heraus — dann ist doch kaum anzunehmen, dass von einer Ringbildung etwa nach der Richtung hin die Rede sein kann: sie wollen uns die Pistole auf die Brust setzen. Am allerwenigsten kann das der Fall sein, wenn die Kurse, wie hier, bis auf den Pfennig abgestuft sind und sich von einander unterscheiden. Auch haben wir in Königsberg stets die Erfahrung gemacht, dass die Banken sich hinsichtlich der Kurse scharfe Konkurrenz machten und dass sie, auch wenn sie nicht meistbietende bei der einen Anleihebegebung gewesen waren, trotzdem bei einer späteren doch wieder als Bieter auftraten. Auch habe ich bei allen unseren zahlreichen Anleihegeschäften nichts davon bemerkt, dass die Banken den Zinsfuss uns verteuert hätten. Wenn die Sachlage es zuliess, haben sie uns $3\frac{1}{2}$ %ige Papiere abgenommen (sogar zu hohen Kursen, so 1895 zu 102,06 %), und wenn sie keine Abnehmer dafür zu haben glaubten, so 1892 und heute, dann boten sie nur auf 4 %ige Papiere. Ich wüsste auch nicht, welches Interesse die Banken hätten, anders zu handeln bezw. weshalb sie die Städte auf 4 % Zinsen gewissermassen zwangsweise hinaufschrauben sollten. Eine so feste Organisation besteht doch wohl unter den deutschen Banken noch nicht, und ich glaube, was bei den Anleiheofferten an uns herantritt, das sind weniger juristische Abmachungen als wirtschaftliche Erwägungen und es dürfte nimmermehr gelingen, diese mit einem Schlagworte, wie mit „Gegenbündnis“ oder „Gegenvereinigung“ zu ändern. Ich wüsste auch nicht, welchen Weg die Städte mit Erfolg dagegen einschlagen wollten.

Auch bezüglich der Schnelligkeit des Abschlusses bei der Begebung sind wir an die Erledigung in kurzen Fristen gewöhnt. Ich habe mich deshalb gar nicht gewundert, zu hören, dass die Banken in Charlottenburg schnell Bescheid haben wollten. Wir haben seit Jahren aus freien Stücken in unsern Ausbietungsbedingungen — und das muss ich nachtragen — stets eine Acceptionsfrist von nur drei Tagen vorgeschlagen. Wir haben uns nämlich die Offerten der Banken bis Montag Mittag erbeten und uns verpflichtet, die Zuschlagserteilung spätestens bis nächsten Donnerstag Mittag zu bewirken. Das letzte Mal haben wir uns nur von Dienstag bis Donnerstag, das sind zwei Tage, frei gelassen.

M. H., das sind Dinge, die sich aus der Natur der Sache ergeben. Man muss sich vorher klar sein über die Bedingungen, unter denen man ausgeben will, und ob man überhaupt ausgeben will, und auch eine Stadtverwaltung muss unter Umständen schnell in ihrem Entschlussse sein können. Jedenfalls ist die Stadtverordneten-Versammlung bei uns immer schnell schlüssig gewesen und wir haben stets die Annahmefrist einhalten können.

M. H., ich bin weiter auch der Meinung, dass man es mit den Banken nicht ohne Not verderben soll, denn sie sind doch das einzige zuverlässige Organ, auf das die Städte bei der Anleiheunterbringung angewiesen sind. Auch dies habe ich aus meiner amtlichen Erfahrung bestätigt gefunden. Denn auch bei uns ist versucht worden, schon aus Unabhängigkeitsbestrebungen, die Banken bei Anleihebegebungen auszuschalten und zu umgehen, aber es ist nicht gelungen. Die Provinzialhilfskasse anzugehen, bietet nach deren Darlehns-Bedingungen keinen Vorteil, zumal die Geld nehmende Stadt auch den Kursverlust bei den auszugebenden Provinzialobligationen zu tragen hat. Beispielsweise haben wir uns aber in dem letzten Jahre auch an den Reichsinvalidenfonds gewandt, ob er nicht wieder eine Anleihe übernehmen wolle. Da hat er zurückgeschrieben: Nein, ich danke, ich kann sie nicht brauchen, und wir waren wieder auf die Banken angewiesen. Ich habe auch versucht, mit Versicherungsgesellschaften abzuschliessen, aber auch da gab es Körbe; man sagte einfach: Nein, die Beträge sind zu gross, wir können nicht so viel brauchen. Also die anderen Auswege, die wir für gangbar hielten, haben in der That bei uns versagt.

Wenn man nun fragt: Woher kommen die jetzigen schlechten Kurse der Stadtobligationen? so kann ich Ihnen eine bestimmte Antwort freilich auch nicht geben. Ich glaube aber doch, dass, wenn im Laufe von 25 Jahren eine so kolossale Umwandlung der Verhältnisse stattgefunden hat, wie sie bezüglich des Angebots von Kommunalobligationen, speziell von Stadtanleihen, auf dem Geldmarkt eingetreten ist, dann auch die Schwankungen nicht zu vermeiden sind. Es wäre doch sehr interessant, zu wissen, wie viel Stadtanleihen 1874 an der Berliner Börse oder überhaupt existiert haben und dagegen die Zahlen zu kennen, welche jetzt in diesen Werten im Umsatz sind. Ich habe versucht, das einmal zusammenzustellen; es ist mir aber nicht gelungen; einfach deswegen, weil ein vollständiges Material nach der Richtung hin gar nicht vorliegt. Denn, m. H., alle die Börsenhandbücher, wie sie da heissen mögen, sind alle unvollständig. Aber ohne weiteres wird doch jedermann zugeben, dass seit 25 Jahren der Umlauf von Kommunalanleihen sich ungemein vermehrt und sicherlich weit mehr als verzehnfacht hat. Nun, m. H., wenn das der Fall ist, dann müssen natürlich die Banken auch anders vorgehen, als sie vor 25 Jahren vorgegangen sind; und wenn es richtig ist, dass die Stadtanleihe nur eine Ware ist, dann müssen auch die Banken, die in diesem Artikel arbeiten, das Risiko zu vermeiden suchen, es möglichst auf tragfähige Schultern verteilen, und es ist mir ganz klar, dass sie das nicht anders können, als wenn sie sich zusammenschliessen. Aber dass die Städte davon Nachteil gehabt hätten, scheint mir nicht bewiesen, und ich glaube, man kann mit demselben Rechte behaupten, dass sie insgesamt mehr Vorteil als Schaden gehabt haben. Denn je mehr Banken sich für Stadtanleihen interessieren, desto grösser ist doch auch die Anzahl der Abnehmer und die Konkurrenz, und ich wiederhole, dass in Königsberg die Konkurrenz der Banken stets vorhanden gewesen ist. Ob es ohne Zusammenschluss und einmütiges Bemühen der verschiedenen Bankgruppen den Städten leichter geworden wäre, ihre Anleihen unterzubringen und zu besseren Kursen, das steht für mich noch gar nicht fest und ich habe bisher aus der Verhandlung noch keinen gangbaren Vorschlag gehört, der uns dies ohne Banken für die Zukunft ermöglichen wird.

Vielleicht dürfte aber nach dieser Richtung ein Punkt von Bedeutung sein, den ich deshalb schliesslich noch hier berühren muss, das ist nämlich das absolute Fehlen jeder zuverlässigen Übersicht über den

Geldmarkt und der Bewegungen auf demselben. M. H., was ist Geldmarkt und wer ist auf dem Geldmarkt beschäftigt? Geldmarkt ist meiner Meinung nach das Forum, auf dem Angebot und Nachfrage nach Geld sich reguliert, und so allgemein und banal das klingt, so wichtig ist doch, dass man sich darüber klar wird: Wer ist nun der, der über den Geldmarkt Übersicht hat? Sind das die Städte oder die Banken? Meiner Ansicht nach sind es die Banken in weit höherem Grade als wir — die Banken deswegen, weil sie die berufsmässigen Vermittler sind zwischen dem Geld gebenden Publikum und dem Geld suchenden Publikum. Es ist ihr Geschäft, sie leben davon, und sie sind zu dem Zwecke vorhanden. Wir — nämlich wir Städte — sind nicht dazu da, lediglich Schulden zu machen und es ist nicht unser alleiniger Beruf, uns um den Gang der Schuldenverwaltung zu kümmern. Daher kommt es, dass wir in Beurteilung der Kurse lange nicht den Banken gewachsen sein können. Aber wir haben auch eine kolossale Konkurrenz auf dem Geldmarkt. Wer bewegt sich auf dem Geldmarkt? Sind wir Städte das etwa allein? Das sind wir doch wahrhaftig nicht, auch wenn man nur das Geldbedürfnis für öffentliche Unternehmungen in Betracht zieht. Wir sind es vielmehr in ziemlich letzter Linie, die für die Banken in Betracht kommen. Erst kommt der Staat (der inländische), zweitens kommt noch einmal der Staat (nämlich der ausländische), und dann kommt das Reich vielleicht, und wenn die befriedigt sind, kommen noch die Provinzen. Dann kommen die Landschaften, die Eisenbahnen gross und klein, und schliesslich kommen noch viele andere öffentliche Unternehmungen — von den Privat- und Industriepapieren ganz zu schweigen! Wer ist denn auch nur in der Lage, zu wissen und zu übersehen, ob nicht heute der preussische Staat oder das Reich in einem Augenblick, wo wir gerade eine Anleihe ausschreiben, hunderte von Millionen auf den Markt wirft? Das muss doch den Markt beeinflussen (Rufe: Schluss!) und die Kurse städtischer Anleihen unter Umständen herabdrücken.

Deshalb wäre es für die Hebung des städtischen Kredits sehr erwünscht, eine sichere Übersicht über den Geldmarkt sich zu verschaffen und ich halte dies für die erste und unerlässliche Vorbedingung für alle weiteren auf Förderung der städtischen Anleihen gerichteten Schritte. Jede auf Übersicht des Geldmarkts gerichtete Organisation (Zeitung etc.) wäre ein positives und praktisches Resultat unserer Besprechungen und dürfte den Städten auch Gelegenheit zu weiterem Austausche ihrer Erfahrungen darüber geben, ob wirklich ein nachteiliger Zusammenschluss der Anleihebanken vorliegt, und wie dagegen anzukämpfen wäre.

Vorsitzender Bürgermeister **Jäger**-Nürnberg: Es wird vorgeschlagen, an die Herren, die noch vorgemerkt sind, das Ersuchen zu richten, auf das Wort zu verzichten. Geschieht das? (Rufe: Ja! Wenn es die Versammlung will.) Es scheint der Wunsch der Versammlung zu sein, damit wir auch die übrigen Gegenstände erledigen können.

Ich möchte vorschlagen, dass wir jetzt zu den Punkten 2 und 4 übergehen, dass wir uns aber hier, nachdem, wie ich glaube, ein guter Teil dessen, was zu sagen ist, zu den bisherigen Punkten gesagt worden ist, möglichst kurz fassen.

Zu dem Punkt:

c) „Die städtischen Anleihen in der Provinz Hessen-Nassau."

d) „Welche anderen Mittel für die Befriedigung des Kreditbedürfnisses stehen den Städten neben der Emission von Anleihen zur Verfügung?"

Bürgermeister **Strauss**-Hersfeld: M. H.! Da es eine umfassende Übersicht über die Art, wie die deutschen Städte ihr Kreditbedürfnis befriedigen, bis jetzt noch nicht giebt, so sind die Anleihen der Städte einer einzelnen Provinz, Hessen-Nassau, in die Tagesordnung der heutigen Versammlung aufgenommen worden, da über diese dem letzten hessischen Städtetage eine Übersicht vorgelegt worden ist. Dem Ersuchen, die Hauptergebnisse meines dort erstatteten Referats[1]) an dieser Stelle mitzuteilen, komme ich gern nach.

Meine Aufnahme erstreckte sich auf 89 von den 104 Städten der Provinz Hessen-Nassau. Diese 89 Städte umfassen eine Bevölkerung von ca. 700000 Seelen, die nicht behandelten 15 Städte hingegen nur eine solche von 37000 Seelen. Die Schuldenlast dieser hessen-nassauischen Städte (7 davon haben noch keine Schulden) belief sich am Tage der Erhebung auf 122,5 Millionen Mark, davon entfallen rund 92 Millionen, also 75%, auf den Regierungsbezirk Wiesbaden, auf Kassel hingegen nur rund 30½ Millionen Mark oder 25%.

Die drei grossen Städte Frankfurt, Kassel und Wiesbaden haben zusammen 97,9 Millionen Mark Schulden; alle übrigen Städte nur 24,6 Millionen Mark. Jene Summe beträgt 79,9%, diese 20,1% der Gesamtschulden aller Städte der Provinz. Es ergiebt sich hieraus, dass bei der heutigen Besprechung die kleinen Städte nur eine sehr untergeordnete Rolle zu spielen in der Lage sind. Zieht man in unserer Provinz eine Grenze zwischen den Städten von über und unter 10000 Einwohnern, so entfallen auf jene 110,9 Millionen Mark oder 90,6%, diese 11,6 Millionen Mark oder 9,4% der Schulden aller Städte der Provinz.

Was den Zinsfuss betrifft, zu welchem die Stadtanleihen aufgenommen sind, so beträgt derselbe für 108,2 Millionen Mark 3½% oder darunter, für 14,3 Millionen Mark über 3½% Zinsen.

---

[1]) Vollständig abgedruckt: unten Anlage IV.

Von den 14,3 Millionen Mark mit mehr als $3^1/_2$ % Zinsen, die uns hier naturgemäss vornehmlich interessieren, zahlen

$3^6/_{10}$ %	201304 M.
$3^3/_4$ %	3423954 „
4 %	8574497 „
$4^1/_2$ %	2102024 „
	14301779 M.

Als Darlehnsgeber erscheint im Regierungsbezirk Kassel der Reichs-Invalidenfonds nur mit dem Betrage von 90000 M. Im Regierungsbezirk Wiesbaden tritt derselbe insbesondere deshalb stärker hervor, weil die Stadt Frankfurt a. M. einen grösseren Betrag von ihm entliehen hat.

Die Ausgabe von Obligationen, welche eine Zahlungsverpflichtung an jeden Inhaber enthalten, ist nach dem Gesetz vom 17. Juni 1833 nur zulässig, wenn die Genehmigung zur Ausstellung auf den Antrag der Minister für den Handel und für die Finanzen durch ein landesherrliches Privilegium erteilt worden ist. Die Genehmigung zur Ausgabe derartiger Inhaberpapiere auch für Kommunal - Obligationen haben eine ganze Anzahl deutscher Hypothekenbanken, doch werden sie wenig Gebrauch davon machen, denn die grossen Städte lassen sich das Privileg selbst erteilen und bei den verhältnissmässig geringen Anleihebeträgen der mittleren und kleineren Städte lohnt sich die Sache für die Banken nicht, weil die Städte keine hohen Zinsen zahlen wollen und somit der Verdienst nur gering ist; für die Städte nicht, weil Druck und Stempel für die Papiere, Verdienst der Emissionshäuser und die Umständlichkeit des Verzinsungs- und Tilgungsdienstes erhebliche Kosten verursachen. Alle Obligationen sind als $3^1/_2$ %ige ausgegeben, abgesehen von etwa 730000 M.

Die Alters- und Invaliditäts-Versicherungsanstalten erheben nahezu ausschliesslich $3^1/_2$ % Zinsen, doch ist es nicht leicht, von ihnen Geld zu erhalten, da die Nachfrage im Verhältnis zu den disponiblen Geldern eine zu starke ist.

Die Entnahme der Anleihebeträge von Sparkassen ist insbesondere bei den Städten des Regierungsbezirks Kassel beliebt, welche bei eigenen städtischen Sparkassen 2,8 Millionen Mark entliehen, bei fremden städtischen oder Kreissparkassen 1,1 Millionen Mark. In der Hauptsache wurden $3^1/_2$ % Zinsen gezahlt, für ca. 850000 M. $3^3/_4$ %, für ca. 218000 M. 4 %. Im Reg.-Bez. Wiesbaden giebt es mit Ausnahme der Stadt Frankfurt a. M. keine kommunalen Sparkassen, daher findet sich dort kein Sparkassenanlehen ausser den 2 Millionen Mark, welche

Frankfurt a. M. zu $3^1/_2$ % bei der Vereinssparkasse der Polytechnischen Gesellschaft daselbst aufgenommen hat.

Die kommunalständischen Institute spielen als Darlehnsgeber im Regierungsbezirk Kassel nur eine untergeordnete Rolle. Die Landeskreditkasse in Kassel gewährte nicht ganz 320000 M. zumeist zu $3^6/_{10}$ %, die hessische Brandversicherungsanstalt in Kassel 280000 M. fast nur unter $3^1/_2$ %. Bedeutender, aber immerhin wenig ins Gewicht fallend, ist die Anteilnahme derartiger Institute im Reg.-Bez. Wiesbaden, wo die Naussauische Landesbank in Wiesbaden über 1,9 Millionen, die landesgräfl. hessische konzess. Landesbank in Homburg über 1 Millionen Mark an Stadtgemeinden des Bezirks ausgeliehen hat, erstere im wesentlichen zu $3^3/_4$, letztere zu 4 bezw. $4^1/_2$ %.

Auch Private, die im Reg.-Bez. Kassel mehr in den Vordergrund treten als im Reg.-Bez. Wiesbaden, erhalten in der Hauptsache nur $3^1/_2$ %.

Unter den sonstigen Darlehnsgebern spielen eigene städtische Kassen exkl. Sparkassen eine sehr untergeordnete Rolle, mit einem grösseren Posten erscheint die Waisenhausstiftung zu Frankfurt a. M. als Darlehnsgeberin der gleichnamigen Stadt, im übrigen ist nur noch erwähnenswert die Aktiengesellschaft für Boden- und Kommunalkredit in Elsass-Lothringen zu Strassburg mit fast 2 Millionen Mark. Für ca. 1,5 Millionen begnügt sie sich mit $3^1/_2$ % Zinsen, für den Rest erhebt sie $3^3/_4$ und 4%, für eine kleine Summe auch $4^1/_2$ %.

Man ersieht aus diesen Ausführungen, dass eine einheitliche Organisation des städtischen Kreditwesens in der Provinz Hessen-Nassau nicht vorhanden ist. Eine solche existiert auch im übrigen Deutschland nicht. Die grossen Städte werden ja wohl immer noch eine Bank oder Bankgruppe finden, welche ihre Anleihen unterbringen, aber bei dem heutigen Kursstande derartiger Papiere werden die Bedingungen immer ungünstiger. Die Hypothekenbanken befassen sich, wie schon oben angegeben, fast gar nicht mit der Gewährung von Darlehen an Kommunen, die sie als Unterlage auszugebender Kommunalobligationen benutzen könnten, weil sich das Geschäft nicht lohnt. Die Alters- und Invaliditäts-Versicherungsanstalten gebrauchen ihre Gelder in immer steigendem Masse selbst, die Gewährung von Darlehen seitens städtischer Sparkassen hat mit Rücksicht auf den Umstand ihre Grenze, als die betreffenden Kommunen Garantieträger ihrer Sparkassen sind und daher nicht in unbeschränktem Umfange zugleich deren Schuldner sein können und dürfen. Die kommunalständischen Institute sind finanziell viel zu impotent, um grössere Beträge auf die Dauer gewähren zu können. Privatpersonen und sonstige Darlehnsgeber sind zu unsichere Gläubiger für Kommunen, die ihr Finanzgebahren stabil, unabhängig von Zufällen und persönlichen Launen einzurichten haben.

Wünschenswert wäre zweifellos — namentlich für die mittleren und kleineren Städte — die Errichtung einer Kommunal-Anleihe-Bank mit dem Privileg der Ausgabe von Inhaber-Papieren und Begebung von Kommunal-Obligationen, aber bis jetzt sind alle dahinzielenden Projekte wegen der geringen Aussichten auf Gewinn gescheitert. Soll das Unternehmen aber noch ein sogenanntes „Nebengeschäft“, z. B. Hypothekengeschäft, machen, um zu prosperieren, so wird man bald finden, dass das Neben- zum Hauptgeschäft wird, dass der angestrebte Zweck nicht erreicht wird und man unnötigerweise eine neue Hypothekenbank geschaffen hat.

Dies, m. H., war es, was ich im Anschluss an das Beispiel unserer hessen-nassauischen Städte zu sagen hatte. Dass ich von den Einzelheiten unserer provinzialen Statistik möglichst viel weggelassen habe, dafür, glaube ich, werden Sie mir besonders dankbar sein.

II. Vorsitzender **Dr. Jastrow**-Charlottenburg: M. H., der Herr Vorredner ist im Irrtum, wenn er meint, dass wir ihm besonders dankbar sind für das, was er wegliess. Wir sind ihm auch durchaus dankbar für das, was er gegeben hat. Die Ausführungen des Herrn Referenten bilden die Überleitung von dem ersten Teil, in welchem wir uns mit dem Anleihemarkt und den Schwierigkeiten beschäftigten, auf den nun folgenden Teil, in dem wir Abhilfemittel kennen lernen wollen, indem der Herr Vortragende uns einen Überblick gegeben hat über alle die Mittel, die neben der Ausgabe von Obligationen zur Verfügung stehen. Demselben Zwecke dient der kurze Auszug aus den eingegangenen Antworten, der nur in ganz ungefähren Umrissen zeigt, wie viele derartige Mittel vorhanden sind.*) Diese Mittel sind, wie aus der Anlage hervorgeht, in erster Linie vorhanden für kleine und kleinere Mittelstädte, aber keineswegs ausschliesslich. Grössere Mittelstädte, wie Bochum, Iserlohn und Aachen, decken ihren Bedarf auf andere Weise als durch Ausgabe von Obligationen, ja sogar Stuttgart und Strassburg haben auch eine Anleihepolitik, die sich im wesentlichen anderer Mittel bedient, neben der Ausgabe von Obligationen.

Wir kommen nun zu der eigentlichen pièce de réstistance unserer Beratungen und werden uns damit zu beschäftigen haben, was denn nun die Städte thun können, um diese anderen Mittel aktionsfähig zu machen. Es ist dies etwas, was niemand zu leide ist; es dies eine Erschliessung neuer, bisher noch wenig benützter Mittel. Wir hatten die Aussicht, ein Referat von Herrn Bürgermeister Fritsche-Iserlohn zu hören, der aber im

*) Vergl. Anlage II.

letzten Augenblicke telegraphisch seine Verhinderung anzeigen musste. Es wird daher zunächst über die Benützung der Sparkassen Herr Bürgermeister Lehmann-Landsberg sprechen, und sodann über ein zweites Mittel, nämlich über die Möglichkeit einer Kommunalbank für städtische Zwecke, Herr Rechtsanwalt Dr. Hoffmann-Berlin.

Bürgermeister **Lehmann**-Landsberg: M. H.! Ich bitte Sie, die soeben gehörte Ankündigung nicht so aufzufassen, als ob ich über die Ausnützung der städtischen Sparkassen für kommunale Zwecke einen besonderen Bericht erstatten wollte. Die Sparkassen spielen allerdings in das, was ich zu sagen habe, mit hinein, aber es soll Ihnen kein besonderes Referat darüber erstattet werden. Ich wollte auf etwas anderes hinaus.

M. H.! Es ist uns gesagt worden, dass die Städte besondere Finanzpolitik machen sollten, dass sie sich vor allen Dingen hüten sollten, 4 %ige Papiere auszugeben. Nun bin ich mit der Mehrzahl der hier gehörten Redner der Ansicht, dass das die Städte nicht gut in der Hand haben, wenigstens das letztere nicht. Das richtet sich nach den allgemeinen Verhältnissen. Die Städte müssen es sich gefallen lassen, dass der Aufnahmekurs ihrer Anleihen steigt und fällt, und müssen auch den Zinsfuss geben, der den Verhältnissen des Geldmarktes entspricht. Daraus folgt aber nicht, m. H., dass nun die Städte die Hände ganz in den Schoss legen und die Sache nun vollständig über sich ergehen lassen sollen. Ein grosser Übelstand bei den kommunalen Anleihen — die Herren, die bis jetzt gesprochen haben, waren, so viel ich habe verfolgen können, meist aus grösseren Städten; die mögen das wenig empfinden — der aber bei den mittleren und kleineren Städten recht fühlbar hervortritt, ist die geringe Umlaufsfähigkeit der Stadtanleihen. Die Stadtanleihen haben — und da muss ich dem Herrn aus Karlsruhe widersprechen — thatsächlich nur eine lokale Umlaufsfähigkeit. Es kann ja sein, dass eine Sparkasse in der Pfalz sich auch eine Stadtanleihe von Landsberg a.W. kauft; aber im grossen Publikum, glaube ich, wird eine Stadtanleihe von Landsberg a. W. in Worms wahrscheinlich nicht eingeführt werden, sondern dieses sucht sich die Stadtanleihen derjenigen Städte aus, die es kennt. Das kommt auch schon dadurch zum Ausdruck, dass die Reichsbank thatsächlich die Lombardfähigkeit auf die eigene Provinz beschränkt. So ist es uns wenigstens gegangen. Sie räumt nicht die Lombardfähigkeit der städtischen Anleihen ganz allgemein ein, sondern nur bei der Hauptbank und bei den Bankstellen der eigenen Provinz. Ich nehme da immer die grösseren Städte aus. Ich sehe eben die Kopfbewegung. In Königsberg i. Pr. mag das anders sein, aber Landsberg a. W. ist nicht Königsberg i. Pr. Also gerade die kleinen Städte leiden bei ihren Anleihen unter der geringen Umlaufsfähigkeit. Nun würde es sich fragen, ob es kein Mittel giebt, diesem Übelstande zu steuern, ohne den Banken zu nahe zu treten, und da möchte ich Ihnen doch eine Idee mitteilen, die anderweitig schon ventiliert worden ist. Ich komme nun auch auf die Sparkassen und auf den deutschen Sparkassenverband. Diese geringe Umlaufsfähigkeit wäre mit einem Schlage beseitigt, wenn die Städte sich entschlössen, auf die Einzelausgabe von Inhaberpapieren zu verzichten, wenn die Städte sich zusammenthäten, wie es beispielsweise die Rittergutsbesitzer in ihren Landschaften gethan haben. Die Idee rührt eigentlich nicht von mir her, obgleich ich in der letzten Zeit Gelegenheit gehabt habe, mich sehr damit zu beschäftigen. Die Sache ist schon im Jahre 1891 auf dem Brandenburgischen Sparkassentage von Stadtrat Mamroth, dem damaligen Vorsitzenden des Brandenburgischen Sparkassenverbandes angeregt worden, wahrscheinlich hervorgerufen durch ähnliche Erfahrungen auf dem Gebiete der Ausgabe von Anleihescheinen, wie wir sie heute zu verzeichnen haben. Heute ist die Sache bei kleinen Städten schon so weit gediehen, dass Anleihen überhaupt nicht mehr unterzubringen sind. Das ist das allerschlimmste; nicht der Zinsfuss und der Kurs, sondern dass sie überhaupt nicht zu haben sind. Mir ist ein Fall bekannt, dass es einer sehr gut fundierten Stadt bis jetzt nicht gelungen ist, auf eine Anleihe Anerbieten zu erlangen. Aus solchen Gründen ist wohl damals dieser Antrag beim Brandenburgischen Sparkassenverbande gestellt worden, eine Organisation der deutschen Städte zu schaffen, die in der einen Beziehung ähnlich wäre wie die Landschaften, dass die einzelnen Städte von dem gemeinsamen Institut ihre Anleihen entnähmen, das gemeinsame Institut aber auf Grund dieser kommunalen Anleihen Pfandbriefe ausgäbe, wie dies beispielsweise von den Hypothekenbanken auch geschieht. Das Papier, das auf diese Art und Weise entsteht, hätte also als Grundlage die Anleihen der deutschen Städte, und diese Anleihen sind so sicher wie Staatspapiere, zumal die Sache ja von den Staatsbehörden in jedem einzelnen Falle geprüft wird. Wenn ein derartiges Papier von einem gemeinsamen Institut ausgegeben wird, so bin ich der Überzeugung, dass damit ein erstklassiges Anlagepapier geschaffen ist, das nicht nur an einzelnen Börsen eingeführt, sondern das in ganz Deutschland gern gekauft wird, das auch womöglich sich noch einen grösseren Markt erobern kann. [Dann würde dieser Übelstand weggeschafft werden, dann würde die Umlaufsfähigkeit wesentlich gebessert und damit, wie Sie zugeben werden, würde wahrscheinlich der Übernahmekurs gebessert werden, auch auf den Zinsfuss würde die Sache einen Einfluss haben. Dieses gemeinsame Institut, das die Städte sich auf diese Art und Weise gründen sollen, müsste dort, wo sich auch die grösste deutsche Börse befindet, also seinen Sitz in der Reichshauptstadt bekommen und würde nun gleichzeitig jederzeit in der Lage sein, regulierend auf den Kurs der Papiere zu wirken. Ein solches Bankinstitut muss an dem Platze sein, wo die Papiere eingeführt sind; sonst kann es passieren, wie ich es erlebt habe, dass die Reichsbank fragt: Wir haben hier 4 %ige Landsberger Stadtobligationen, einen Kurs giebt es nicht für dieselben, wir können aber doch unmöglich unseren Auftraggebern die Sache zurückweisen und sagen: die sind unverkäuflich. Wie sollen wir die nun los werden? Es kann auch sonst passieren, dass eine kleine Summe von 20000 M., an die Berliner Börse gebracht, bewirkt, dass der Kurs sofort sinkt. Der Landsberger Stadtkasse ist das passiert und als wir die Sache limitierten, ging der Kurs immer ein bisschen unter das Limitum herunter, sodass wir ein paar Wochen abwarten mussten, bis ein Verkauf möglich wurde — das waren nicht einmal Landsberger Stadtanleihescheine, sondern solche eines grösseren Kommunalverbandes.

Nun komme ich auf die Verbindung mit den Sparkassen. Die Herren, die in dem Sparkassenwesen arbeiten, werden aus den Verhandlungen des deutschen Sparkassenverbandes wissen, dass sich dieser Verband seit dem Jahre 1891 mit der Gründung einer Centralinstitutes für die Sparkassen beschäftigt hat. Es würde hier zu weit führen, auf diese Verhandlungen näher einzugehen. Nur kurz sei bemerkt, dass der Ursprung dieses Bestrebens die Frage der Sicherung der Sparkassen vor Krisen ist. Daraus ist die ganze Bewegung auf Errichtung eines Centralinstitutes hervorgegangen. Nun meine ich aber, dass sich sehr gut — und deswegen hatte sich auch der deutsche Sparkassenverband mit der Sache befasst — eine Verbindung zwischen der kommunalen Anleihebank, wie sie der Herr Vorredner aus Hersfeld nannte, und einem Sparkasseninstitut finden liesse. Schon die Generalunkosten würden sehr verbilligt, wenn die beiden Institute unter eine gemeinsame Leitung gestellt würden. Denn ein solches Institut — das dürfen wir nicht verkennen — macht eine ganze Menge Unkosten. Aber die Verbindung beider Zwecke würde die Generalunkosten wesentlich verbilligen. Ausserdem gewährt die Verbindung den unleugbaren Vorteil, dass das Institut jederzeit Aufträge hätte, um regulierend auf den Kurs der Städteanleihen einzuwirken, da ja die Sparkassen zu den bedeutendsten Abnehmern der kommunalen Anleihen gehören. Es werden also jederzeit wahrscheinlich Aufträge am Markte sein, die dem Institut gestatten, regulierend einzugreifen.

Um Missverständnissen vorzubeugen, möchte ich hier gleich bemerken, dass nicht etwa die Sparkassen die Gelder, die sie im Krisisfalle von dem Institut haben wollen, in kommunalen Papieren anlegen sollen — das

Missverständnis ist schon dagewesen; — das würde allerdings keine Sicherheit in Krisisfällen sein. Ich habe nur eine Personalunion im Auge. Es handelt sich um zwei ganz getrennte Zwecke, die aber recht gut von demselben Beamten geleitet werden können.

M. H., das ist die Idee, die im deutschen Sparkassenverbande vorhanden ist; dort ist die Sache jetzt soweit gediehen, dass eine entsprechende Eingabe an den Minister des Innern und an den Minister der Finanzen in Preussen gerichtet ist, um einmal zu sehen, wie sich das Ministerium zu der Sache überhaupt stellt. Ich habe es nun mit Freude begrüsst, dass heute hier diese Versammlung von Städtevertretern tagt, und möchte hören, wie dieser Gedanke hier aufgefasst wird. Nach dem, was ich vorher gehört habe, muss ich allerdings befürchten, dass er etwas abfällig beurteilt werden wird. Aber immerhin bitte ich Sie, ruhig über den Gedanken zu urteilen. Es scheint ja von vorn herein etwas Unerreichbares. Aber gemeinsames Beraten und gemeinsames Walten lässt doch manches nachher erreichbar erscheinen, was man von vorn herein für unerreichbar hält.

Ich gebe Ihnen ohne weiteres zu: die deutschen Städte oder auch nur einen grossen Teil derselben unter einen Hut zu bringen und sie dazu zu vermögen, auf die eigene Ausgabe von Anleihen zu verzichten, wird ein recht schwieriges Ding sein. Aber wenn Sie die Sache für nicht ganz undurchführbar erachten, dann würde, da wir selbstverständlich hier, wo der Gedanke neu in die Debatte geworfen wird, über die Sache keinen Beschluss fassen können, — dazu sind ja die Vertreter der Städte überhaupt nicht legitimiert — es wohl das Richtige sein, eine Kommission zur weiteren Durcharbeitung der Idee einzusetzen. Es würde dann einer späteren Versammlung vorbehalten bleiben, über die Sache weiter zu beraten.

Über die Frage, wie ein solches Institut zu machen wäre, will ich mich heute nicht auslassen. Das ist dann Sache der späteren Beratung. (Beifall.)

Rechtsanwalt **Dr. Hans Hoffmann**-Berlin: M. H.! Als Mitbegründer und Aufsichtsrat der Allgemeinen Baugesellschaft für Wasserversorgung und Kanalisierung, Erich Merten & Co., G. m. b. H, zu Berlin, welche sich vornehmlich mit der Wasserversorgung und Kanalisation der Städte befasst, hatte ich schon seit mehreren Jahren Veranlassung, mich eingehend mit der Frage zu befassen: auf welche Weise ist am besten und billigsten der Bedarf der Kommunen für ihr Extra-Ordinarium im Haushalt zu beschaffen? Denn überall, wo meine Gesellschaft in Verhandlungen über die Herstellung eines Wasserwerks oder einer Kanalisation eintrat, spielte die Frage der Geldbeschaffung eine Hauptrolle und führte sehr häufig zu der Frage, ob die Gesellschaft nicht lieber auf eigene Kosten bauen und eine Konzession nehmen wolle. Dass damit einer Baugesellschaft nicht gedient sein kann, liegt auf der Hand. Dasselbe gilt aber für die bauende Kommune, die ja bei Konzessionen immer viel grössere Opfer zu bringen hat. So kam ich zu der obigen Frage und damit zu dem Studium über den Kommunalkredit.

Exc. v. Miquel hat in der Reichstagssitzung vom 2. Mai 1873 *) die damalige Organisation des Kommunal-Kredits in Deutschland als jämmerlich und erbärmlich bezeichnet und auf den Crédit communal in Belgien als Vorbild hingewiesen. Dass dieser Hinweis nicht zutreffend war, bedarf nach der ganzen Sachlage keiner besonderen Erörterung. Denn der Crédit communal wurde lediglich geschaffen, um denjenigen Gemeinden, welche an dem jährlichen Ertrage des bei Aufhebung des Octroi geschaffenen Kommunalfonds beteiligt waren, die Möglichkeit zu gewähren, durch Vorwegnahme der jährlichen Anteilssumme ausserordentliche Kommunalaufgaben durchzuführen. Ihre Beteiligung gestattete der betreffenden Kommune die Kreditaufnahme aber immer nur in der Höhe, dass die Verzinsung und Tilgung der Anleihe durch die Jahreseinnahmen der betreffenden Kommune aus dem Fonds gedeckt wurde. Es handelt sich also bei dem belgischen Crédit communal um ein eigenartiges Institut mit einer eigenartigen Grundlage, nämlich dem vorhandenen grossen Kommunalfonds, der uns fehlt und damit die Schaffung eines ähnlichen Instituts verhindert. Im übrigen aber wird man Herrn v. Miquel mit seinem Urteil über die Organisation des Kommunal-Kredits recht geben müssen. Ja, man wird nicht einmal sagen dürfen, dass der kommunale Kredit in Deutschland „jämmerlich“ und „erbärmlich“ organisiert, sondern dass er überhaupt nicht organisiert ist. (Sehr richtig!)

Wie Ihnen bekannt, hängt die Aufnahme einer Kommunal-Anleihe in Preussen davon ab, dass

1. der betreffende Anleihebeschluss von der vorgesetzten Verwaltungsbehörde genehmigt wird (Organis.-Ges.),
2. dass die in den ministeriellen Cirkular-Erlassen (insbesondere in dem Erlass vom 1. 6. 91) getroffenen Bestimmungen beobachtet werden
   a. nur für ausserordentliche gemeinnützige, der fernen Zukunft zu gute kommenden Neuanlagen,
   b. grössere Summen von ca. $^1/_4$ Million Mark,
   c. Minimaltilgung von 1 % pro Jahr,
   d. Inhaber-Anleihen nur dann auszugeben, wenn der benötigte

*) Vgl. Anl. V.

Betrag nicht auch anderweit zu gleich günstigen Bedingungen aufgenommen werden kann,

3. zur Ausgabe von Inhaber-Anleihen ein königliches Privileg erfordert ist.

Sind alle diese Voraussetzungen vorhanden, so wird man mit Recht sagen können, dass die Kreditwürdigkeit einer kleineren Kommune doch sicherlich ebenso gut ist, wie diejenige einer grösseren Kommune. Thatsächlich aber steht der öffentliche Kredit den kleineren Kommunen lange nicht in gleicher Weise wie den grösseren zur Verfügung. Während die grossen Kommunen mit Inhaber-Anleihen von ca. 3 Millionen und mehr trotz der hohen Kosten der Anleihen für Stempel, Publikationen, Verlosungen, Ausfertigung von Zinsscheinen, Finanzverwaltung der Anleihe noch allenfalls zu mehr oder minder günstigen Bedingungen eine Bank oder ein Konsortium finden, welches die Anleihe emittiert und mässige Beträge davon an der Börse unterbringt, sind schon die mittleren Kommunen, die nur „nicht börsenfähige“ Anleihen aufnehmen wollen, auf die wenigen Hypothekenbanken angewiesen, welche sich bisher im wesentlichen nur im Nebengeschäft damit beschäftigt haben, auch den kleineren Kommunen unter den Bedingungen des grossen Geldmarktes noch unkündbare Darlehne zu gewähren. Dagegen sind die kleinen Kommunen, insbesondere die Landgemeinden, fast immer auf die lokalen Sparkassen und sonstigen lokalen Gelgeber angewiesen und müssen meist etwas höhere Zinsen resp. Provisionen sowie Kündbarkeit des Kapitals zugestehen.

Diese schon zu normalen Geldmarktsverhältnissen verschiedene Würdigung des Kommunal-Kredits erleidet aber bei ungünstigen Börsenverhältnissen, Krisen, grossem Geldbedarf des internationalen Geldmarkts eine vollständige Verschiebung. Der Druck, den solche Verhältnisse bereits auf die doch in ungeheuren Mengen umlaufenden Staatsanleihen ausüben, verschärft sich bei den Kommunal-Anleihen in erhöhtem Masse. Ganz abgesehen davon, dass die Stadtanleihen immer mehrere Prozente schlechter stehen als die Staatsanleihen, ist der Kurs der Stadtanleihen in letzter Zeit sehr zurückgegangen und es heisst, dass die Stadt Königsberg zur Ausgabe einer 4 %igen Anleihe gezwungen sei, da sie für die Übernahme einer 3½ %igen kein ernsthaftes Gebot erlangen konnte. Es ist ausserdem eine bekannte Thatsache, dass derjenige, der Stadtanleihen als erstklassiges Anlagepapier gekauft hat, solche an der Börse nicht wieder verkaufen kann, weil Käufer dafür fehlen, und dass selbst kleine Beträge nur mit empfindlichem Verlust zu Geld gemacht werden können.

Gilt diese Thatsache aber schon für die grösseren Anleihen, so noch viel mehr für diejenigen Anleihen, die nur in kleineren Beträgen existieren. Derartige Papiere sind in solchen Zeiten überhaupt unverkäuflich. — Selbst auf die Möglichkeit, sich durch Verpfändung der Obligationen Geld zu machen, können die Besitzer kaum rechnen, da die Bankiers und Banken in solchen Zeiten selbst ihr Geld brauchen und höchstens bei ständigen Geschäftsbeziehungen diese Papiere vielleicht lombardieren. Auch auf die Reichsbank ist in dieser Beziehung nur in sehr beschränktem Masse zu rechnen, weil sie gegen Lombard-Darlehen keine Noten ausgeben kann, also mit solchen auf ihr Aktienkapital angewiesen ist.

Aus dem Vorgesagten ergiebt sich insbesondere für die mittleren und kleinen Kommunen die Notwendigkeit der Schaffung eines Centralinstituts für Kommunal-Kredit, und zwar je schneller desto besser, denn die Bedürfnisse selbst der kleineren Kommunen für ausserordentliche, gemeinnützige Neuanlagen werden von Jahr zu Jahr grösser. Wenn dieses Institut aber seinen Zweck erfüllen soll, so gehören dazu folgende Erfordernisse:

1. Privileg zur Ausgabe von Inhaber-Papieren — Kommunal-Obligationen in Höhe der abgeschlossenen Anleihen.
2. Das entsprechende Betriebskapital, um eine Anzahl grösserer und kleinerer Anleihen zu gleicher Zeit und zu jeder Zeit abschliessen zu können, auch wenn der Geldmarkt für die eigenen Obligationen gerade nicht günstig liegt; ferner um Vorschüsse auf die abgeschlossenen Anleihen leisten zu können, schon bevor event. die eigenen Obligationen verkauft sind; endlich um einen regelmässigen Markt für die eigenen Obligationen zu schaffen und diesen auch zu beherrschen, d. h. um intervenieren zu können, sofern bei ungünstigen Börsenverhältnissen die Obligationen in unverhältnismässig starkem Masse an die Börse gelangen und nur zum Teil wieder glatt aufgenommen werden.
3. Die Möglichkeit, die disponiblen Mittel zur Vermeidung allzu grosser Zinsverluste entsprechend auszunützen, also das Bank- und Depositengeschäft mit zu betreiben.

Die Frage, welche Form dem Centralinstitut zu geben sein dürfte, wird man nach Lage der Verhältnisse dahin beantworten müssen, dass nur eine Gesellschaftsform und zwar nur die Form der Aktiengesellschaft die geeignete sein dürfte. Sogar beim Crédit communal in Belgien, wo man doch den bereits vorhandenen grossen Kommunalfonds als Grundlage hatte, ist augenscheinlich aus Zweckmässigkeitsgründen die Form der Aktiengesellschaft gewählt worden, derart, dass jede kreditnehmende Gemeinde zugleich Geschäftsteilhaberin ist; eine Bestimmung, die allerdings ihre Erklärung wieder darin findet, dass nur am Kommunalfonds beteiligte

Gemeinden den Kredit in Anspruch nehmen dürfen. Die Wahl der Form einer Aktiengesellschaft drängt sich aber schon deshalb auf, weil die Kommunen das erforderliche grosse Betriebskapital gar nicht zusammenzubringen in der Lage sind, weil ferner selbst reiche Kommunen die zur Zeit überschüssigen Gelder nicht als unkündbare Darlehen hergeben können, ohne sich für den zukünftigen Bedarf selbst festzulegen; weil auch die Gelder der Kommunal-Sparkassen für die Zwecke des Kommunal-Kredits nur zu einem kleinen Bruchteil herangezogen werden dürfen, weil die Sparkassen unkündbare Darlehne nicht geben können und dürfen, ohne die Rechte der Sparer zu schädigen und ohne sich der Gefahr auszusetzen, im Falle von Börsenkrisen dem Andrang der ihr Geld zurückfordernden Sparer nicht mehr gewachsen zu sein und ihre Insolvenz erklären zu müssen. Hierzu mag bemerkt sein, dass die Regierung derartigen Plänen sicherlich Widerstand leisten würde, zumal schon vor einiger Zeit durch Cirkularerlass darauf hingewiesen ist, dass die Sparkassen die Hergabe von Geldern auf Hypothek nach Möglichkeit einschränken sollen. Endlich, weil nur auf diese Weise die dem Geldmarkte zuströmenden überschüssigen Geldmittel des ganzen Landes wirtschaftlich rationell ausgenutzt werden können. — Die Vorteile, welche die Errichtung einer solchen Kommunalbank nicht nur den kleinen und mittleren Kommunen, sondern selbst den grossen Kommunen, die selbst Anleihen emittieren, bringen muss, liegen klar auf der Hand:

1. Die Kommunal-Obligationen gewinnen den grossen Börsenmarkt; ihre grosse Menge verhindert die grösseren Kursschwankungen, wie sie bei kleineren Kommunal-Anleihen bei ungünstigen Börsenverhältnissen an der Tagesordnung sind.
2. Die erstklassige Sicherheit, welche die Kommunal-Obligationen genau so bieten, wie die Staatspapiere, kommt zur Geltung, lässt die Kursunterschiede zwischen beiden schwinden, führt zu einer Gleichbewertung und erhält den Obligationen in ungünstigen Zeiten und bei Krisen den Börsenmarkt.
3. Die regelmässigen Auslosungen der bisherigen Kommunal-Anleihen nach Massgabe der im Privileg vorgeschriebenen Tilgungspläne kommen in Fortfall, damit aber auch die Belästigung der Besitzer von Obligationen hinsichtlich der Kontrole der Auslosungen, weil der stets sich erneuende jährliche Anleihebedarf der Kommunen die zur vertragsmässigen Tilgung der alten Anleihen erforderlichen Beträge bedeutend übersteigt, die Kommunalbank also in der Lage ist, diese Tilgung in sich vorzunehmen, indem die zur Rückzahlung kommenden Beträge auf die neuen Anleihe-Kredite verrechnet werden.

4. Die Notwendigkeit für die Besitzer der Obligationen alter Stadtanleihen an einer bestimmten Stelle die Zinsscheine zu präsentieren, fällt fort, da jeder Bankier und jede Kommunalkasse die Zinsscheine der Kommunalbank annehmen und mit letzterer verrechnen wird.
5. Auch der Notwendigkeit eigener Verwaltung ihrer Anleiheschulden sind die einzelnen Kommunen überhoben, da solche durch die Abrechnungen der Kommunalbank ersetzt wird; übrigens letztere auch gegebenen Falles in der Lage ist, diese Verwaltung viel billiger zu besorgen, als die einzelne Kommune.

Redner liest zum Schluss über ein von ihm beim Finanzministerium eingereichtes Statut einer Kommunalbank einen Briefwechsel vor*), der andauernde Heiterkeit der Versammlung hervorrief.

I. Vorsitzender Bürgermeister **Jäger**-Nürnberg: M. H., ich glaube, wir dürfen dem Herrn Rechtsanwalt Hans Hoffmann von Berlin zu grossem Danke verpflichtet sein, dass er in unsere an sich sehr lehrreichen Besprechungen auch den Humor hineingetragen hat. (Beifall.)

Nun sind, m. H., noch drei Herren zum Worte gemeldet. Ich muss Ihnen sagen, die Zeit ist ziemlich vorgeschritten. Unter allen Umständen würde ich Ihnen empfehlen, Schluss der Rednerliste zu verfügen (Zustimmung) und dann die drei Herren zu hören, die wir bitten müssen, sich möglichst kurz fassen, weil wir noch zwei Punkte der Tagesordnung zu erledigen haben und das Resumee.

Stadtrat **Homburger**-Karlsruhe: M. H., nur wenige Worte. Einer der Herren Vorredner, dessen Name mir leider entfallen ist, hat von einem Institut gesprochen, das gleichwie die Landschaften in Preussen für die kommunalen Anleihen geschaffen werden sollte. Ich halte die Durchführung dieses Planes für gar nicht möglich. (Sehr richtig!) Denn ein solches Institut, welches im Namen der verschiedenen Städte kommunale Obligationen ausgeben müsste, würde doch genötigt sein, sich die Solidarhaft der verschiedenen Gemeinden dafür verschreiben zu lassen (Sehr richtig!). Ich glaube nicht, dass eine einzige Stadt in Deutschland existiert, welche sich solidarisch mit den übrigen Städten für deren Schulden haftbar macht (Sehr richtig!), und damit fällt meines Erachtens dieser Plan vollständig, und ich beschränke mich darauf, das hier zu konstatieren.

Einen etwas sympathischeren Eindruck hat der Vorschlag des soeben gehörten Herrn Vorredners gemacht, wenngleich ich mir nicht verhehle, dass auch da grosse Schwierigkeiten im Wege stehen. Es lässt sich ja denken, dass eine kommunale Anleihebank geschaffen werden könnte,

*) Zum Protokoll nicht eingeliefert.

welche die Schulden der einzelnen Kommunen auf sich übernimmt und dafür Kommunal-Obligationen ausgiebt. Allein, m. H., ich glaube, nach einer kurzen Überlegung, die ich der Sache habe angedeihen lassen können, dass eine solche Bank für die Übernahme von Anleihen weit schlechtere Bedingungen für die Kommunen aufstellen müsste (Sehr richtig!), als dies bei der heutigen Art der Begebung der Anleihen üblich ist. Eine Bank muss doch für ihre Aktionäre zu einem Resultat kommen. (Sehr richtig!) Dieses Resultat müsste auf die verschiedenen Städte naturgemäss verteilt werden. (Heiterkeit.)

Dann weiss ich nicht, wie der geehrte Herr Vorredner sich die Übernahme der einzelnen Anleihen gedacht hat. Es könnte doch nur in derselben Weise geschehen, wie jetzt die Bankkonsortien die Anleihen übernehmen: nämlich dass sie einen bestimmten Kurs dafür ansetzen; die kommunale Anleihebank würde ihren Nutzen darin suchen, dass sie den Kurs entsprechend niedriger stellt als ein anderes Konsortium, welches nicht die ganze Organisation einer Bank und die ganze Dividendenzahlung für die Aktionäre zu berücksichtigen hat. Ich glaube also, dass schon dadurch der Geschäftsbetrieb dieser Bank sich wesentlich teurer für die Kommunen stellen müsste, als es jetzt der Fall wäre. Ausserdem glaube ich nicht, dass damit eine Erleichterung oder Vereinfachung in dem Betriebe der Kommunen herbeigeführt würde. Die Verrechnung mit der Centralbank würde natürlich ganz dieselbe Umständlichkeit mit sich führen, wie sie jetzt schon seitens der Kommunen erforderlich ist.

Der geehrte Herr Vorredner hat davon gesprochen, dass die Bank auch darin ihren Vorteil suchen müsste, dass sie die überschüssigen Gelder, die vorübergehend irgendwo in Deutschland sich zeigen, in Form von Depositengeldern an sich heranzieht und dass diese Depositengelder gewissermassen den Betriebsfonds verstärken sollen. (Zuruf.) So habe ich wenigstens verstanden. Nun, wenn diese kommunale Anleihebank thatsächlich dazu übergehen sollte, das Depositengeschäft zu pflegen, so halte ich es vom Standpunkt des Bankiers aus für durchaus unzulässig, dass die Bank diese überschüssigen Mittel in Obligationen von Kommunen anlegt. (Sehr richtig!) Die Depositen müssen so angelegt sein, dass sie jederzeit greifbar sind. (Sehr richtig!) Das Publikum, welches seine Depositen einer Bank anvertraut, rechnet darauf, im gegebenen Fall sofort oder wenigstens in ganz kurzer Zeit das Geld zurückgezahlt zu bekommen. Wenn nun diese Bank in Kommunal-Obligationen die Anlage macht, so bin ich fest überzeugt, dass in Zeiten der Krisis die Bank zahlungsunfähig ist, und dann stehen die Städte wieder, wo sie gestanden haben. Sie können bei dieser Bank keine Anleihe mehr aufnehmen und sind wieder gezwungen, sich an die Bankkonsortien zu wenden. Es mag vielleicht im ersten Moment nicht richtig erscheinen, dass ich sage, eine solche Bank ist zahlungsunfähig. Ich glaube aber, Ihnen das mit wenigen Worten klar machen zu können. Wenn man denkt, dass diese Bank den Markt kontrollieren, die zurückfliessenden Obligationen wieder aufnehmen soll, so haben wir an den deutschen Hypothekenbanken ein Beispiel, wohin das führt. Die deutschen Hypothekenbanken haben den Pfandbriefumsatz meines Erachtens in etwas übertriebener Weise forciert, und heute, wo wir eine ganz kleine Pression haben — es ist nur eine kleine Pression, die wir jetzt erleben; denn eine Versteifung des Zinsfusses von $3^1/_2$ auf 4 % ist noch keine grosse Pression — stecken die Hypothekenbanken so voll von Pfandbriefen, dass sie unmöglich in der Lage sind, den Kurs aufrecht zu erhalten. Die Kurse sind zurückgegangen und werden vielleicht noch weiter zurückgehen. Also die Hypothekenbanken, die doch für alle ihre Darlehen vollständige Sicherheit in den erworbenen Hypotheken haben, sind nicht im stande, das Material, das zurückfliesst, schlank abzunehmen; sie müssen den Kurs etwas zurückgehen lassen, um den Rückfluss zu verringern. Nun denken Sie sich, diese Bank wird wohl in dieselbe Lage kommen. Die einzelnen Kommunen werden kommen, werden neue Anleihen abschliessen wollen; diese können doch nur in grossem Umfange dadurch gedeckt werden, dass neue Obligationen ausgegeben werden. Die Bank selbst aber muss jeden Tag meines Erachtens an der Börse Obligationen aufnehmen, die Verkäufer wenden sich nur an die Börse, und als eigener Konkurrent tritt die Bank dann schliesslich selbst wieder auf und nicht nur die Beträge will sie wieder placieren, die sie aufnehmen muss, sondern auch die neuen Anleihen, die die Kommunen immer bei ihr aufnehmen. Sie wird also in weit grösserem Masse immer als Verkäufer da sein, wie als Käufer. Die Folge wird sein, dass, wenn sie den Kurs aufrecht erhalten will, ihr Portefeuille sich beständig vergrössert, und damit ist sie zur Unthätigkeit verurteilt.

Ich glaube also, dass nach der ersten Auffassung, die ich dem Gedanken entgegenbringe — ich will kein abschliessendes Urteil fällen —, sehr grosse Schwierigkeiten damit verbunden sind. Das wäre ja Sache der Bank, zu beurteilen, ob sie das Risiko tragen soll. Allein einen Vorteil für die Kommunen — und von diesem Standpunkt allein wollten wir ja die Sache hier beurteilen — sehe ich nicht darin; ich glaube, dass die Übernahme der Anleihen durch diese Bank nur unter schlechteren Bedingungen möglich wäre, als jetzt.

Stadtrat und Kämmerer **Körte**-Breslau: M. H., verzeihen Sie ein paar Worte. Ich hatte mich bloss deshalb gemeldet, weil wir in Breslau Besitzer einer Kommunalbank sind und weil ich mir erlauben will, im übrigen genau zu demselben Ergebnisse kommend, wie der Herr Vorredner, bloss noch ein paar Gesichtspunkte an der Hand gewonnener Erfahrungen anzuführen.

Zu dem Gedanken des Herrn Referenten möchte ich im Anschluss an das, was der Herr Vorredner gesagt hat, nur noch hinzufügen: Wie denkt sich der Herr die Organisation dieser Bank, die den gesamten Kommunalkredit für Preussen und Deutschland regeln soll? Es ist gesprochen von einer Centrale in Berlin. Es lässt sich also vermuten, dass der Gedanke, es müssen ausser der Centralstation auch noch Filialstationen in den einzelnen Provinzen oder Staaten des Deutschen Reiches vorhanden sein, dem Herrn auch schon nahe getreten ist. Es ist ja auch hervorgehoben, dass eine grosse Bank, die auch den Depositenverkehr pflegen soll, bei der erdrückenden Konkurrenz, die die grossen Banken heutzutage einander gegenseitig machen und bei den kolossalen Kapitalien, die in den grossen Banken investiert sind, naturgemäss, wenn sie jetzt noch lebensfähig arbeiten soll, in besonderem Masse darauf angewiesen sein müsste, Lokalstellen zu haben, um dadurch irgendwie regulierend auf den Kurs der von ihr begebenen Kommunalanleihen einwirken zu können. Wenn man sich nun aber eine derartig decentralisierte Organisation denkt, dann kann diese Bank, wie der Herr Vorredner meines Erachtens durchaus richtig angeführt hat, doch nie gedeihlich verwaltet werden bloss auf dem Boden derjenigen Geschäfte, die vom Standpunkt der Sicherheit der darin angelegten kommunalen Gelder staatlich zugelassen werden könnten. Es würde absolut unmöglich sein, dass dieser Bank — bei der in irgend welcher Form, wie auch bereits erwähnt, eine Haftung der Gemeinden nicht ausgeschlossen sein dürfte — beziehungsweise dass den Gemeinden zu ihrer Beteiligung an dieser Bank die staatliche Genehmigung erteilt werden könnte unter anderen Bedingungen als solchen, die beispielsweise von vorn herein glatt ausschlössen die Vornahme irgendwelcher industrieller Geschäfte, Emissionen irgendwelcher Art, Gründung von geschäftlichen Unternehmungen und dergleichen. Aber auf das reguläre Kommissionsgeschäft, auf den Ankauf und Verkauf von Kommunalobligationen — was ja hier in erster Linie auf das Mandat der verschiedenen einzelnen Kommunalverwaltungen hin in Frage stehen würde — auf die Ausnützung des Wechseldiskonts, darauf allein beschränkt, würde ein Unternehmen mit dieser Riesenorganisation, mit einer Centrale in Berlin und Filialen durch das ganze Deutsche Reich unmöglich arbeiten können. Ein Institut, das mit einer derart begrenzten Möglichkeit der bankmässigen Thätigkeit rechnen müsste, würde meines Erachtens alleräussersten Falles gerade so viel verdienen, dass es in guten Zeiten notdürftig die Betriebskosten decken könnte, denn welche

Summen diese Betriebskosten der grossen Bankhäuser verschlingen, das wird ja vielen Herren bekannt sein. — Diese Kosten sind naturgemäss sehr grosse. Sie bedeuten für die grossen Privatbanken deswegen nicht so viel, weil sie mit genügender Bewegungsfreiheit ausgestattet sind, weil sie die verschiedensten Arten von Geschäften übernehmen können und niemand anders als sich selbst Rechenschaft schuldig sind, sodass sie eben auch gewagte Geschäfte mannigfachster Art unternehmen können, während eine Bank wie die geplante natürlich wirklich gewagte Geschäfte niemals würde machen dürfen.

Wir haben, wie gesagt, in Breslau eine städtische Bank. Es ist eine der den Herren wahrscheinlich bekannten, im Jahre 1848 entstandenen Zettelbanken, die damals, als die Geldverhältnisse sehr schwierig lagen, insbesondere dazu ins Leben gerufen war, um den gewerblichen Mittelstand zu unterstützen. Wir haben sie, nachdem ihr Notenmissionsrecht aufgehoben wurde, als Kommunalbank bestehen lassen, lediglich um sie auch weiterhin als gemeinnütziges Institut zum besten der kleinen Händlerkreise fortleben zu lassen. Es ist aber in ihrer ganzen Gebarung von Anfang an bis jetzt bei allen staatlichen Erneuerungen ihres Privilegs immer daran festgehalten worden, dass sie nur die sogenannten absolut goldsicheren Geschäfte machen darf. Im wesentlichen beschränkt sie sich auf Diskontierung von Wechseln, den An- und Verkauf von Effekten, den Lombardverkehr und daneben in ziemlich geringfügigem Masse den Depositenverkehr und dabei hat die Bank einen sehr kräftigen Rückhalt an dem Gesamtvermögen der Stadtgemeinde. In sehr guten Jahren erzielen wir eine Verzinsung von etwas über 4 %, zwischen 4 und 5 % des in der Bank angelegten Kapitals. Wenn ein derart grosses Unternehmen wie das heut in Anregung gebrachte aber nur mit derartiger Geschäftsbeschränkung und einem solchen minimalen Nutzen rechnen könnte, dann würde es, glaube ich, wie ich dem Herrn Vorredner vollständig recht gebe, nach zwei, drei Jahren, namentlich wenn einmal eine ungünstige Zeit käme, bankerott sein.

Magistratsrat **Tuchmann**-Nürnberg: M. H., die beiden letzten Vorredner haben so klar, so richtig meine Ansicht ausgesprochen, dass ich mich kurz fassen kann und nur lediglich erklären will, dass ich sowohl gegen die Form einer Bank bin, wie sie der Herr Bürgermeister von Landsberg, wie auch gegen eine solche, wie sie der Herr Rechtsanwalt Dr. Hoffmann vorgeschlagen hat. Zu einer solchen Bank würden, abgesehen von einer genialen, streng soliden Leitung, auch grosse Kapitalien nötig sein, und wo sollen denn die herkommen? (Sehr richtig!) Dass wir ideal angelegte Private finden, die dazu die Mittel geben, muss ich bezweifeln, Sie wahrscheinlich auch. (Heiterkeit.)

Es würde ja auch ausschliesslich darauf ankommen, dass wieder die Städte einspringen und grosse Kapitalien festlegen.

Nun, m. H., haben wir denn eigentlich schon einen Notstand? Ist denn 4% für Obligationen, die von einem Konsortium zu pari übernommen werden, ein hoher Zins? Das ist noch lange nicht schlimm! Wir haben anfangs der 90er Jahre — um speziell von Nürnberg zu sprechen — auch 4%ige Obligationen ausgeben müssen und haben, soweit ich mich erinnere, nur Pari-Kurs bekommen. Einige Jahre darauf waren wir in der Lage, $3\frac{1}{2}$%ige zu 101 auszugeben. Die Verhältnisse wechseln, wie im Leben überhaupt, auch am Geldmarkt und am Obligationenmarkt. Ich hoffe, dass in absehbarer Zeit, wenn mancherlei Verhältnisse, die jetzt den Anleihemarkt bedrücken, wenn also die grosse Beteiligung der Privaten an der Industrie sich behoben haben wird — dass auch wieder für die Städte bessere Verhältnisse kommen, und, wie bereits bemerkt, ich sehe nicht so Schlimmes daran. Ich möchte weiter darauf aufmerksam machen, dass der Schaden für die Städte doch nicht ganz so gross ist. Sie wissen, die meisten Städte haben selbst Gelegenheit, Anlagen zu machen. Z. B. speziell von Nürnberg gesprochen: wir haben alle Jahre mindestens eine bis zwei Millionen Anlagen für unsere Sparkasse und Stiftungen zu machen. Die Jahre vorher hat unsere Sparkasse wenig oder gar nicht für diese Neuanlagen rentiert. Heute sind wir wieder in besserer Lage, weil die Staatsanleihen etc. so zurückgegangen und gute Hypotheken mit $4\frac{1}{4}$% Zins zu bekommen sind, Hypotheken, die pupillarische Sicherheit bieten. Wir können bayerische Staatsanleihen mit etwa 96 kaufen, für die wir vor drei Jahren 104—105% zahlen mussten. Also ein Teil des Schadens, der an sich nicht so bedeutend ist, wird wieder ausgeglichen.

Ich möchte daher wünschen, dass dieser Gedanke fallen gelassen wird; ich halte ihn sogar für bedenklich, und namentlich möchte ich darauf aufmerksam machen, dass, wie der Herr Bürgermeister von Mannheim betont hat, wir mit der haute finance nicht einen Krieg anfangen sollen. Die haute finance war uns bisher nicht gehässig. Sie hat so, wie es im Geschäftsleben geht, ihren Vorteil gesucht, aber dass sie gerade Lorbern dabei errungen hätte, kann auch der stärkste Mann nicht behaupten. (Heiterkeit.) Sie muss sich ebenso den Verhältnissen fügen, wie wir uns auch.

Nun hätte ich aber einige andere kleine Mittel vorzuschlagen, die etwas helfen können, wenn auch nicht viel. Diese Mittel sind wohl ausführbar und auch nicht kostspielig. Die Herren, die mit der städtischen Finanzverwaltung Verkehr haben, werden vielleicht gefunden haben, dass städtische Anleihen, namentlich fremde Städteanleihen, in den Anlagen der Städte nicht oder in den seltensten Fällen vorhanden sind. Es mag ja möglich sein, dass nicht alle Städteanleihen als Primaanlagen betrachtet werden können, aber ich meine doch, eine gute Stadtanleihe hat wenigstens denselben Wert wie Pfandbriefe der Hypothekenbanken (Sehr richtig!) und ich gestehe es offen, wir haben bei unsern städtischen Anlagen, die viele Millionen betragen, für Sparkasse, wohlthätige Stiftungen etc. sehr viele Pfandbriefe. Ich würde viel lieber städtische Anleihen dabei sehen. (Sehr richtig!)

Nun geht meine Meinung dahin, dass zunächst bei den betreffenden Landesregierungen nachgesucht werde, dass die Anleihen aller solide verwalteten und gut situierten deutschen Städte als pupillarisch sicher, als Anlagen für Stiftungen, Mündelgelder und für Sparkassen benutzt werden dürften und dass in kleinen Beträgen — ich will nicht sagen in minimalen Beträgen, aber in kleinen Beträgen — solche Anlagen doch wohl zulässig und ungefährlich sind. Der Markt macht den Kurs, m. H. Je grösser die Nachfrage ist, desto besser ist der Kurs. Tatsächlich ist bisher der Absatz der städtischen Obligationen in der Regel nur auf einen kleinen Kreis beschränkt. Ich gestehe Ihnen offen, dass ich bemerkt habe, dass unsere städtischen Obligationen, die in den letzten Jahren viel nach auswärts, nach Berlin u. s. w. gegangen sind, meistens wieder nach Nürnberg zurückgekommen und hier vom Publikum gekauft sind. Es besteht teilweise auswärts eine Unbekanntschaft mit dem Wert der städtischen Anleihen, und es fehlt auch die Gelegenheit, sie zu kaufen. Nun ist speziell für Sparkassen vorhin mit Recht betont worden, dass in Notfällen diese städtischen Anleihen nicht so verwertet werden können. Wenn es erreicht würde — und das ist ja teilweise schon geschehen —, dass unsere städtischen Anleihen ohne Unterschied — damit will ich nicht sagen: ohne Unterschied der Bonität — an allen Stellen der Deutschen Reichsbank belehnt werden sollen gleich Staatspapieren der deutschen Staaten und des weiteren auch — und das würde, wenn es erreicht werden sollte, auch für unser kleines Publikum nützlich sein — dass die Reichsbank gegen eine mässige Gebühr die Coupons sämtlicher sicherer städtischer Anleihen einlöst, so wären das kleine und billige Mittel, um beim grossen Publikum die Kauflust für städtische Anleihen zu wecken. Damit will ich selbstverständlich niemals zuraten, grosse Beträge oder — ich weiss nicht, welche Städte bei uns allererster Bonität sind — minderwertige Papiere zu kaufen, aber ich glaube, dass für einen verhältnismässig kleinen Teil seiner Anlagen selbst der vorsichtigste Kapitalist sich nicht scheuen würde, gute deutsche städtische Anleihen zu kaufen. Diese Massregeln wären nach meiner Ansicht keineswegs schädlich, eher nützlich, und, wie gesagt, die Nachfrage und der Markt bestimmt den Wert, und wenn wir jetzt auch schlechte Kurse haben — die übrigens, nebenbei bemerkt, nach Lage der Verhältnisse gar nicht so schlimm sind, wenn wir berücksichtigen, dass preussische $3^1/_2$ %ige Staatsanleihen auch auf 98 zurückgegangen und im Verhältnis dazu andere Staatsanleihen. Jedenfalls sind Mittel wie die Gründung einer Bank noch lange nicht nötig, und selbst im Notfalle würde ich ein solches Mittel nicht empfehlen. (Beifall.)

Es folgt eine Debatte über den Vorschlag von Lehmann-Landsberg, eine Kommission niederzusetzen. Es wird jedoch nur beschlossen, das Präsidium mit der finanziellen Abwicklung dieser Versammlung zu beauftragen, und darauf übergegangen zu

c) Anregungen aus der Mitte der Versammlung zur städtischen Finanzverwaltung.

Fabrikant O. Weigert-Berlin: M. H.! Gestatten Sie, dass ich Ihre Aufmerksamkeit auf ein anderes Gebiet der städtischen Finanzverwaltung lenke, mit einem Vorschlage zur Vermehrung der städtischen Einnahmen.

In Preussen besteht die unbedingte Verpflichtung zur Selbsteinschätzung des Einkommens für solche Personen, die bereits im vergangenen Jahre mit mehr als 3000 M. eingeschätzt waren; für andere nur, wenn sie einzeln dazu aufgefordert werden. Auf Grund meiner Erfahrungen möchte ich behaupten, dass die Einkommensteuer erheblich ergiebiger würde, wenn jeder Selbständige ausnahmslos zur Selbsteinschätzung verpflichtet würde.

M. H., ich bin selbst in dieser Beziehung thätig in der Kommunalverwaltung in Berlin und weiss aus jahrelanger Erfahrung, dass nichts wichtiger wäre, als eine richtige Festsetzung gerade dieser Steuerbeträge. Der Hauptfehler liegt meines Erachtens darin, dass diejenigen, die vermeintlich unter 3000 M. Einkommen haben, nach der Einschätzung von Kommissionsmitgliedern, die aus persönlicher Anschauung sehr wenig die Einkommensverhältnisse kennen, geringe oder gar keine Steuern zahlen, auch im Falle, wo sie hohe Steuern zahlen müssten.

Gestatten Sie mir, einige kurze Beispiele zu geben, die Ihnen das am besten illustrieren werden. Ich bemerke, dass meine Mitteilungen authentisch sind.

M. H., es ist jetzt seit Jahr und Tag eine ständige Kommission eingesetzt, die darüber zu wachen hat, dass diejenigen, die vermutlich 3000 M. Einkommen haben, zur Selbsteinschätzung herangezogen werden. Da hat sich denn herausgestellt, im Jahre 1897, dass z. B. im Jahre 1896 94 Personen eingeschätzt waren mit einem Einkommen von Null. Diese 94 Personen sind zur Selbsteinschätzung aufgefordert worden, und diese 94 Personen haben sich mit einem Einkommen zu einem durchschnittlichen Steuersatz von 232 M. (entsprechend einem durchschnittlichen Einkommen von etwa 8000—8500 M.) selbst eingeschätzt. M. H., diese Beispiele stehen nicht vereinzelt da. Es ist seit Jahr und Tag derart verfahren worden, ich habe in drei aufeinander folgenden Jahren festgestellt, dass eine Selbsteinschätzung von 220 bis 270 M. Steuer erfolgt von durchschnittlich 90—100 Personen, die zufällig zur Selbsteinschätzung aufgefordert wurden, die das Jahr vorher von den betreffenden Kommissionsmitgliedern gleich Null eingeschätzt waren. M. H., wenn man die Skala weiter verfolgt, so sieht man, dass fortlaufend diejenigen, die 6 M. gezahlt haben, mit höherer Selbsteinschätzung kamen bis zur Steuer von 44 M. Dann tritt das Auffällige ein, dass dann eine derart hohe Einschätzung nicht mehr erfolgt, weil sie bereits an der Grenze von fast 3000 M. eingeschätzt waren, von wo ab die Selbsteinschätzung erfolgt. Wer einmal den Rubikon überschritten hatte, der konnte nicht mehr so hoch eingeschätzt werden, weil er sich vorher schon selbst eingeschätzt hatte.

M. H., ich will Ihre Zeit nicht länger in Anspruch nehmen; aber ich glaube, dass man an der Hand dieses authentischen Materials, wofür am meisten massgebend sein dürfte die Hauptstadt des Deutschen Reiches, an der Hand dieser Zahlen man wohl zu der Erkenntnis kommen könnte, dass insofern eine Änderung eintreten müsste, als die Selbsteinschätzung auf alle selbständigen Personen auszudehnen ist.

Ich bitte, darüber nachzudenken, ob es nicht angebracht wäre, später einmal ein so wichtiges Thema zu behandeln, weil auf diese Weise den vielen Kommunen Deutschlands eine ergiebige Einnahmequelle geschaffen werden könnte, ohne dass eine Belastung der Personen eintritt, die zu schwer eingeschätzt wurden, ob man nicht verpflichtet ist, auch hier diejenige Gleichmässigkeit walten zu lassen, die jedem Staatsbürger und jedem Steuerzahler gegenüber geziemt, dass also gleiches Recht für alle einzutreten hat, dass man nicht unter 3000 M. die Steuerzahler nach Gutdünken oder nach Gevatterschaft einschätzen lässt — ich weiss aus Erfahrung, dass das geschieht — dass man vielmehr sagt, die sämtlichen Steuerzahler in Deutschland gleich vor dem Gesetz und denselben Bedingungen unterworfen.

M. H., ich kann nicht einsehen, dass, wie viele behaupten, es unmöglich wäre, so etwas durchzuführen. Wenn Sie eine derartige Eingabe an den Landtag machen, so wird niemand das willkommener heissen, als der Herr Finanzminister, denn auch für ihn bedeutet das eine Mehreinnahme. Schwierigkeiten in der Durchführung liegen nicht vor. Wer selbständig ist, kann sich auch selbständig einschätzen. Dann ist er nicht dem Gutachten der Einschätzung seiner Mitbürger unterworfen, die ihm zufällig freundlich oder feindlich gegenüberstehen. — Ich wollte mir erlauben, diese kurze Anregung zu geben.

Résumé und Schluss.

II. Vorsitzender Dr. **Jastrow**-Charlottenburg: M. H.! Wenn wir am Schlusse unserer Verhandlungen einen Rückblick werfen, so tritt in erster Linie wohl die Erscheinung hervor, dass die beiden Hälften unserer Beratung eine sehr verschiedene Färbung zeigen. In der ersten Hälfte über die Bankkonsortien zeigt die Färbung ganz entschieden die stärksten Konturen an den Stellen, an denen sich die völlige Befriedigung über die Lage aussprach, und was an Missvergnügen hier und da ausgedrückt wurde, war nur unter der alles überragenden Farbenübertragung der Zufriedenheit zu sehen. Diese Färbung verschwand in der zweiten Hälfte. Als hier der Ausdruck gebraucht wurde, dass der städtische Anleihemarkt gegenwärtig jämmerlich und elend organisiert sei, da konnte ja hier die Autorität des heutigen Finanzministers Miquel*), von dem diese Ausdrücke herrühren, angeführt werden, und die Versammlung, weit entfernt, dagegen zu opponieren, hat vielmehr in einem ihrer Redner, ohne dass ein Widerspruch geäussert wurde, diese Kritik des Herrn Miquel überboten mit dem Ausdrucke: der Anleihemarkt sei noch nicht einmal jämmerlich und elend organisiert, denn er sei eigentlich gar nicht organisiert.

Trotzdem, m. H., scheint es mir nicht unmöglich, bei diesem Gegensatze zwischen den beiden Hälften unserer Beratung doch eine gewisse Einheitlichkeit in den Ergebnissen herauszufinden. Was zunächst die Bankkonsortien betrifft, so steht so viel fest, dass wenn in den Kreisen, aus denen die Anregung zu der Versammlung hervorgegangen war, etwa von dem einen oder dem andern die Ansicht gehegt wurde, dass die deuschen Bankkonsortien in einem den Markt vollkommen beherrschenden Umfange bestehen sollten, sich diese Ansicht an der Hand der Thatsachen,

*) Vgl. Anlage V.

an der Hand der Ausführungen, die heute gemacht wurden, nicht bestätigt hat. Schon in dem Referat, das ich, einem Wunsche des Herrn Vorsitzenden folgend, vor Eintritt in die Debatte erstattete, habe ich geglaubt, darauf hinweisen zu sollen, dass die Erhebungen, die durch Fragebogen veranstaltet wurden,*) uns keinen Anhalt geben für die Annahme, dass etwa ganz Deutschland mit einem Netz von Konsortien, sozusagen mit einem Verschwörungsnetz der Banken, überzogen sei. Diese Ansicht ist, wie ich nunmehr nach Schluss der Verhandlungen resumieren kann, von keinem der Redner in der Versammlung geäussert worden, und die Ansicht ist nur dadurch überhaupt in die Versammlung hineingekommen, dass einige Redner sie widerlegt haben, obgleich sie hier gar nicht ausgesprochen war.

Ein zweiter Punkt: Wenn man zuerst in der Betrachtung der Bankkonsortien immer nur geglaubt hatte, die Frage erörtern zu müssen, ob die Bankkonsortien den Städten Nachteile bringen, so war das Ergebnis unserer heutigen Debatte, dass diese Frage nicht erschöpfend gestellt ist. Wir hatten von vorn herein auf die Tagesordnung die Frage gestellt, ob die Städte nicht auch Vorteile von den Konsortien haben, und die Frage ist bejaht worden. Es stehen also den — vorhandenen oder befürchteten — Nachteilen auch Vorteile gegenüber.

Insofern hat unsere Verhandlung einen Verlauf genommen, der nicht ganz mit dem übereinstimmt, was vielleicht manche von uns bei dem Auftauchen der Konsortiengefahr dachten. Aber, m. H., wenn einige Redner soweit gegangen sind, strikte zu behaupten, dass die Bankkonsortien überhaupt nicht unter dem Gesichtspunkte einer Gefahr zu betrachten seien, so hat das Ergebnis der Debatte nicht dazu geführt, diese ungemein weitgehende Ansicht zu bestätigen. Es handelt sich, wenn man hier versuchen wollte, ein Ergebnis zu ziehen, nicht darum, eine noch so grosse Anzahl von Städten herauszufinden, in denen die Konsortien keine Gefahr sind, sondern beweisend sind die, wenn auch nur wenigen, Punkte, in denen eine Gefahr hervorgetreten ist. M. H., wenn wir uns auf den Standpunkt stellen wollen, dass wir eine Gefahr der Überschwemmung erst anerkennen wollten, wenn ein Land überschwemmt ist, dann wären wir nie in der Lage, Vorbeugungsmassregeln treffen zu können. Es handelt sich also darum, ob einzelne kleine Anfänge, die der Beobachtung würdig sind, vorhanden sind. Ich glaube, unsere Debatte hat solche Ergebnisse zutage gefördert. Wenn sich solche Erfahrungen bei einer einzelnen Stadt zeigen, so würde es eine unrichtige Art der Behandlung sein, die einzelne Erfahrung damit abzuthun, dass man ihr andere ent-

*) Vergl. Anlage I.

gegensetzt und sagt: in anderen Städten ist es nicht der Fall. Es ist die Frage, ob die einzelne solche Stadt ein Versuchskaninchen ist oder nicht. Diese Frage ist durch unsere Versammlung zutage gefördert, wengleich nicht mit Sicherheit beantwortet worden.

Es hat sich im Laufe der Debatte volle Übereinstimmung darüber gezeigt, dass die Verdienste, die die Privatbanken haben um die Befriedigung der kommunalen Anleihebedürfnisse, gross und hervorragend sind. Es ist dies, wie ich betonen möchte, von keiner Seite bestritten worden. Aber, m. H., die Unterbringung von Anleihen ist ein Geschäft, wie jedes andere, und in geschäftlichen Dingen soll jeder Teil sein Interesse wahrnehmen. Wie die Banken auf der einen Seite, so thun es die Städte auf der anderen. Jeder Teil soll auch bemüht sein, die Politik des andern kennen zu lernen. Wenn in der Debatte die Frage, im grossen gestellt, nicht beantwortet worden ist mit allgemeiner Zustimmung, und wenn wohl auch das Ergebnis der Debatte gerade darin zu erblicken ist, dass an der Hand der heute festgestellten Thatsachen mit absoluter Sicherheit die Frage sich überhaupt noch nicht beantworten lässt, sondern dass wir eben uns die Lehre daraus ziehen müssen, den Thatsachen auf dem Anleihemarkt aufmerksam und beobachtend zu folgen: so hat doch die Debatte im ersten Teil eine grosse Anzahl kleiner Mittel zutage gefördert, die ich, aus den Vorträgen der verschiedenen Redner eine Blumenlese sammelnd, hier anführen will. Da die Debatte im ersten Teil sich mit der bestehenden Organisation beschäftigte, während der zweite Teil neue Organisationsformen für den städtischen Kredit vorschlug, so nehme ich solche Vorschläge, die sich ohne organisatorische Reformen durchführen lassen, hier mit dazu, selbst wenn sie zufällig erst im zweiten Teil der Debatte geäussert wurden.

Erstens ist das Mittel empfohlen worden, die Submission öffentlich auszuschreiben, nicht beschränkt. Zweitens: nicht mit der ganzen Anleihe auf einmal herauszustürzen, sondern nur so viel auf den Markt zu bringen, wie man augenblicklich braucht. Drittens: man möchte sich den Zeitpunkt für Begebung der Anleihen günstigst auswählen und bei der Gestaltung des Privilegs darauf hinwirken. Viertens: die Städte sollen da, wo sie selbst Anlagen in Geldern machen, namentlich auch andere Städte berücksichtigen. Es soll fünftens für die städtischen Papiere die Lombardierungsfähigkeit, soweit sie noch nicht überall besteht, angestrebt werden; und ebenso sechstens: die Couponeinlösung durch die Reichsbank.

In dieser Beziehung liegt also eine grosse Anzahl kleiner Mittel vor, und, m. H., als ein Glied in einer grossen Anzahl kleiner Mittel nimmt sich auch der Vorschlag aus, der vielleicht am meisten Widerspruch gefunden hat, nämlich der Vorschlag, gegenüber dem 4 %igen Zinsfuss auf der Hut zu sein. Fasst man diesen Vorschlag auf als eine Panacee, so ist er thöricht; fasst man ihn aber auf als ein Moment, auf das man sehr gewichtig zu achten hat, nicht eigensinnig (wie man überhaupt nicht eigensinnig sein soll), nicht sich auf einen Punkt versteifend, sondern als einen wichtigen Punkt unter mehreren, den man im Auge zu behalten hat, so wird man schwerlich etwas dagegen einwenden wollen, am allerwenigsten gerade unter den gegenwärtigen Verhältnissen des Geldmarktes. Denn so gewiss die Kreditnehmer von augenblicklichen Verhältnissen des Geldmarktes abhängig sind, so gewiss haben sie auch ein Interesse daran, dass nicht aus bloss vorübergehenden Verhältnissen heraus sich eine Umwandlung dauernd festsetze.

M. H., alle diese Punkte haben, glaube ich, eines miteinander gemeinsam. Wir nehmen wohl alle den Eindruck aus der heutigen Versammlung mit, dass es richtig ist, die kommunalen Anleihen derart zu studieren, dass man die Verhältnisse in verschiedenen Städten verfolgt und nicht bloss die Verhältnisse einer Stadt. Wir dürfen also sagen: das Ergebnis der Beratungen in dem ersten Teil der Debatte war: Kenntnisnahme von den einzelnen Verhältnissen der Städte ist höchst wünschenswert, auch für die Verwaltung der Anleihen einer einzelnen Stadt.

Ich komme nun zum zweiten Teil. Der zweite Teil hat zunächst eine überraschend grosse Reihe von Möglichkeiten vorgeführt, die für die Befriedigung städtischer Anleihebedürfnisse nicht bloss denkbar sind, sondern auch in der Praxis schon existieren. Ich glaube, m. H., niemand von uns war eigentlich auf das Ergebnis gefasst, dass neben der Ausgabe von Obligationen die anderen kleineren Mittel namentlich für die Kreditbefriedigung der kleineren Städte eine so grosse Rolle spielen, wie sie in der vervielfältigten Übersicht*) nebeneinander aufgeführt sind. Dass sie vorkommen, wussten wir alle; dass aber selbst Städte von erheblichem Umfange gar keine Obligationen ausgeben, sondern sich mit beschränkten Mitteln vom Reichsinvalidenfonds abwärts bis zu Stiftungen begnügen, war doch neu. Das Problem in diesem ganzen zweiten Teil schien mir zu sein: die Städte wünschen ja gar nicht einen besonders billigen Zinsfuss, den Städten ist weit mehr daran gelegen, von den Schwankungen etwas mehr frei zu werden und, soweit dies erreichbar, eine gewisse Gleichmässigkeit des Zinsfusses zu haben. Nun giebt es in Deutschland auch Gelder, die angelegt sein wollen, und die dasselbe Interesse nach der Gleichmässigkeit der Verzinsung haben; und da ist die Frage: wie können diese Gelder, die Verwendung suchen, mit den Städten in Verbindung gebracht werden, die diese Verwendung

*) Anlage II.

gewähren wollen? Ausser dem Reichsinvalidenfonds und den Provinzial-Hilfskassen kommen in Betracht: Sparkassen (kommunale, genossenschaftliche u. s. w.), die Invaliden-Versicherungsanstalten, die Berufsgenossenschaften der Unfallversicherung, auch private Lebens- und Feuerversicherungsgesellschaften, Stiftungen und Anstalten verschiedenster Art. Unter diesen Anstalten sind viele, die geeignete Anlagen für Kapitalien suchen, während zur gleichen Zeit Städte geeignete Kreditgeber suchen, ohne dass beide Teile von einander erfahren, weil es an jeder organisierten Vermittelung fehlt. Ich glaube, wir werden heute alle das Gefühl haben: wenn die Frage, die heute erörtert worden ist, vor 20 Jahren erörtert worden wäre, so wäre ein Zeitpunkt, wie die Einführung der Invaliden- und Altersversicherung für die Städte nicht ungenützt vorüber gegangen.

Wenn man nun fragt, wie der städtische Kredit aus seiner Vereinzelung herauszubringen und den anlagesuchenden Kapitalien gegenüber mehr einheitlich, in die Augen fallend, anlockend zu gestalten sei, so ist im Laufe der Debatte von mehreren Möglichkeiten die Rede gewesen. Die erste und radikalste Möglichkeit wäre die, an Stelle der einzelnen Stadt die Gesamtheit der Städte als Schuldner zu konstituieren. Diese Möglichkeit ist nur von einem Redner erwähnt worden, und auch von diesem nur, um dagegegen Verwahrung einzulegen. Mit Zustimmung ist dieser Gedanke von keinem Mitgliede der Versammlung erwähnt worden, wie auch bezweifelt werden darf, ob der Gedanke einer Solidarhaft der deutschen Städte für die Verbindlichkeiten jeder einzelnen auch nur im Ernste erwogen werden kann.

Wenn bei dem Gedanken einer mehr einheitlichen Organisation die Landschaften zum Vergleich herangezogen worden sind, so lag das tertium comparationis nicht in der Solidarhaft, sondern (und das ist die zweite Stufe der verschiedenen Möglichkeiten) in der Einheitlichkeit des Papiers. Von den verschiedensten Seiten ist die Hauptschwierigkeit der kommunalen Anleihen darin gefunden worden, dass das Publikum nicht dazu neigt, sie zu kaufen, und dass sie infolgedessen in den Kurszetteln nur allzu oft mit — — erscheinen. Dies würde sich ändern, wenn an Stelle vieler Kommunalpapiere ein einheitliches bestände. Die Ausführung ist in zweierlei Art skizziert worden: ein Redner dachte an ein Unternehmen der Städte selbst (im Zusammenhang mit der Sparkassen-Centralisation), ein anderer entwickelte den Plan einer rein privaten Aktiengesellschaft mit dem Rechte der Obligationen-Ausgabe. Die Geschichte dieses embryonalen Gründungsplanes hat uns ja, wie der Herr Vorsitzende bereits hervorgehoben hat, im Unterschiede von den sonst so ernsthaften Gegenständen auch einige Erheiterung verschafft.

M. H., auf die Gefahr hin, Ihnen den Grund Ihrer Heiterkeit zerstören zu müssen, muss ich Ihnen Kenntnis geben von einer Bemerkung, die in betreff des von Herrn Rechtsanwalt Hoffmann vorgetragenen Gegenstandes im „Deutschen Ökonomist“ in diesen Tagen gestanden hat. Der „Deutsche Ökonomist“ hat, ohne den Namen zu nennen, offenbar denselben Vorfall besprochen von der ad acta geschriebenen Eingabe, aber der „Deutsche Ökonomist“ vermutet, dass diese Eingabe sehr aufmerksam gelesen worden sei. Nämlich dem Zeitpunkt nach falle es zusammen, dass, kurz nachdem dieses Statut dem Finanzministerium eingereicht und ad acta geschrieben war, die diesem Ministerium unterstehende Königliche Seehandlungssocietät sich der Centralisierung des Kommunalkredites mit grösserer Aufmerksamkeit als vorher zugewendet hat, freilich in ihrer Art und solchen Plänen durchaus entgegengesetzt. Der Gedanke, ein einheitliches Papier zu schaffen, ist namentlich auch ein Gedanke, der in den Kreisen der praktischen Bankiers als durchaus ernsthaft zu nehmen angesehen wird, und wir sind, so viel ich weiss, heute die erste Versammlung gewesen, die diesen Gegenstand erörtert. Keiner von uns wird angenommen haben, dass ein solcher Gedanke an dem Tage, an dem er zum ersten Mal in einer Versammlung erörtert wird, die greifbare Gestalt für die Ausführung annimmt. (Sehr richtig!) Dass er keine Utopie ist, geht daraus hervor, dass er im kleinen Kreise, im Königreich Sachsen, bereits verwirklicht ist.*)

Das Gesamtergebnis unserer Beratungen wird zum Teil von der Bedeutung abhängen, die man dem städtischen Anleihewesen überhaupt zuschreibt. Es ist vielfach die Ansicht verbreitet, die städtischen Anleihen hätten in letzter Zeit einen kolossalen Umfang angenommen, und das wäre sehr schlimm. M. H., ich bin der Ansicht, wir stehen in der Entwickelung der städtischen Anleihen erst am Anfang. Was wir als eine ungeheuere Vermehrung ansehen, ist nicht der Abschluss einer Periode, sondern es ist das Vorspiel zu einer sehr viel weiter gehenden Vermehrung. Es ist gar kein Zweifel, dass derartige Veränderungen im wirtschaftlichen Leben, wie z. B. die Einführung der Elektrizität, die dauernde auf ganze Generationen zu verteilende Anlagen beansprucht, eine Vermehrung der Anleihen mit Sicherheit herbeiführen wird. Darum meine ich, in einer solchen Zeit dürfte die gegenseitige Aussprache doch einen gewissen Wert gehabt haben.

Ein Hauptteil dieses Wertes dürfte in der Erkenntnis liegen, dass wir über die thatsächlichen Zustände in der Anleiheverwaltung der verschiedenen Städte sehr viel weniger unterrichtet sind, als wir wohl

---

*) Vgl. Anlage VI.

glaubten. Dies gilt namentlich von dem Kreditwesen der mittleren und kleineren Städte, über die umfassende Vorarbeiten nur aus einer einzigen Provinz vorlagen. Jede Reformbewegung muss fussen auf einer Kenntnis der bestehenden Zustände. Dass das Bedürfnis nach einer eingehenderen Kenntnis auch gerade unter den Kundigen vorhanden ist, dafür darf doch wohl die heutige Versammlung als klassische Zeugin gelten. Denn, m. H., ich glaube nicht, dass schon ein einziges Mal eine so umfangreiche Kenntnis des kommunalen Anleihewesens an einem Orte vereinigt gewesen ist, wie am heutigen Tage in diesem Saale. (Beifall.)

I. Vorsitzender Bürgermeister **Jäger**-Nürnberg: Meine sehr geehrten Herren, ich denke, Ihnen vor allen Dingen vorschlagen zu müssen, dass wir Herrn Dr. Jastrow herzlich danken für den Überblick, den er uns soeben gegeben hat. Es ist ganz richtig, und es ist bereits im Eingange unserer heutigen Besprechung gesagt worden, dass ein Beschluss an unsere Verhandlungen nicht gereiht werden kann, sondern dass wir lediglich uns die einzelnen Verhandlungen, wie den Gesamt-Überblick zur Nachricht und Kenntnis dienen lassen. Indem ich daher, wie ich glaube, in Ihrer aller Namen, Herrn Dr. Jastrow für die Mühe, die er sich mit der ganzen Besprechung über kommunale Anleihen gegeben hat, unsern besten Dank ausspreche, glaube ich Ihnen gleichzeitig einen ziffermässigen Beweis für den Erfolg dieser Mühewaltungen liefern zu können. (Beifall.) Nach der eben ausgegebenen Präsenzliste sind 63 Städte auf der heutigen Besprechung vereinigt mit 91 Vertretern. Es ist das ein sehr erfreuliches Resultat, dass die deutschen Städte in Fragen, die ihre Interessen berühren, sich stets zu finden wissen und stets zu finden wissen werden.

Ich glaube, m. H., Ihnen vorschlagen zu sollen, dass, nachdem Sie so lange ein erhebliches Beharrungsvermögen an den Tag gelegt haben, wir jetzt diese Versammlung, die so überaus lehrreich für uns gewesen ist, schliessen und zu einem anderen Teil unserer Tagesordnung, zum Frühstück, übergehen.

Oberbürgermeister **Beck**-Mannheim: M. H., gestatten Sie nur noch ein Wort. Wir haben noch eine Pflicht der Dankbarkeit zu erfüllen. Für die Gründlichkeit der heutigen Verhandlungen hat einmal das ausgezeichnete Referat des Herrn Einberufers gesorgt, aber namentlich auch alle die Herren Redner und auch die Herren Referenten, die ja in sehr ausgedehnten Vorträgen ihre Ansichten dargelegt haben. M. H., das besondere Verdienst des Herrn Vorsitzenden war es aber, über den gewaltigen Stoff, der uns zur Verfügung stand, richtig zu disponieren und vor allen Dingen auch auf eine Abkürzung der Verhandlungen hinzuwirken, damit wir überhaupt zu einem Abschluss kommen. Das alles hat der Vorsitzende mit einer stammeseigentümlichen Ruhe und Sachlichkeit besorgt, und wenn hier und da die Wogen der Diskussion etwas höher gehen wollten, hat er auch dafür gesorgt, das besänftigende Öl darauf zu bringen. M. H., ich glaube, wir sollten ihm den Dank dadurch aussprechen, dass wir uns von unseren Plätzen erheben. (Geschieht unter Beifall.)

I. Vorsitzender Bürgermeister **Jäger**-Nürnberg: Ich danke Ihnen, m. H., und erkläre die Sitzung jetzt für endgiltig geschlossen.

(Schluss $2^1/_2$ Uhr.)

Anlagen.

I.
Umfrage über Bank-Konsortien.

(Vgl. oben S. 4, 66.)

Um der Besprechung über Bank-Konsortien nach Möglichkeit eine thatsächliche Unterlage zu geben, wurde im August 1899 ein Fragebogen verschickt, in welchem die einzelnen Gemeinden ersucht wurden, jede der drei letztaufgenommenen Anleihen einzeln zu benennen und bei ihr anzugeben, ob und welche Konsortien von Banken dabei in Thätigkeit getreten sind. Bei der Kürze der Zeit war von vorn herein eine erschöpfende Behandlung des Gegenstandes nicht in Aussicht genommen und auch nicht zu erreichen. Da aber in der Konferenz diese Übersicht (in einstweiligen Abdrücken verteilt) der Besprechung zu grunde gelegt wurde, und da eine vollständigere Übersicht über den Gegenstand unseres Wissens nicht besteht, so schien es immerhin angemessen, die nachfolgende dem Konferenzbericht beizugeben.

Gelegentlich der Benennung der drei letzten Anleihen stellte sich heraus, dass hierbei andere Anleiheformen als die Inhaber-Obligation in weit grösserem Umfange, als bisher auch in Fachkreisen angenommen wurde, zur Anwendung gelangten. Da die „drei letzten Anleihen“ bei jeder Stadt einen andern Zeitraum umfassten, so giebt zwar die hieraus zusammengestellte Übersicht noch weniger als die zu I ein vollständiges Bild. Immerhin hat sie den Wert einer Beispielsammlung (namentlich da über einige Fälle ausführlichere Auskunft erteilt wurde) und ist als solche in Anl. II abgedruckt.

Berliner Banken sind ohne Ortsnamen, Frankfurter mit der Bezeichnung F a/M. angeführt. Die Zahl in Klammern giebt den Emissionskurs an.

Aachen. 1893: 3000000 M. $3^1/_2$% (97,32). Sal. Oppenheim jr. & Cie, Köln; Dresdener Bank.

Arnstadt. 1892: 400000 M. $3^1/_2$% (94,16). B. M. Strupp, Gotha; Hirschmann & Franke, Arnstadt.

Aschaffenburg. a) 1888: 1500000 M. $3^1/_2$% (98,50); b) 1890: 650000 M. $3^1/_2$% (96,55). Aktiengesellschaft für Boden- u. Kommunal-Kredit, Strassburg; Mitteldeutsche Kreditbank F a/M.

Augsburg. 1878: 4000000 M. 4% (92,00). Paul v. Stetten, Augsburg; v. Erlanger & Söhne, F a/M. 1889: 8000000 M. $3^1/_2$% (100,30) Seehandlung; Deutsche Bank. 1897: 6000000 M. $3^1/_2$% (100,27) Kgl.

Bayer. Bank, Nürnberg; S. Bleichröder; Dresdener Bank; Bayerische Vereinsbank, München.

Bamberg. 1887: 2000000 M. 3½ % (96,42). Deutsche Bank, F a/M.; Nationalbank; Jacob Landau; Ephraim Mayer & Sohn, Hannover; H. Hallmann, Bamberg; A. E. Wassermann, Bamberg. 1888: 1500000 M. 3½ % (99,125). Deutsche Bankfiliale, F a/M.; Aktiengesellschaft für Boden- und Kommunalkredit, Strassburg; H. Hallmann, Bamberg; Ephraim Meyer & Sohn, Hannover; A. E. Wassermann, Bamberg.

Barmen. 1899: 10700000 M. 4 % (100,01). Seehandlung; Bankhaus Bleichröder; Deutsche Bank; Bergisch-Märkische Bank, Elberfeld; J. Wichelhaus, P. Sohn, Elberfeld; Barmer Handelsbank.

Berlin. 1886: 50000000 M. 3½ % (durchschnittl. 101,18) für 15000000 M.: Seehandlung; Diskonto-Gesellschaft; Deutsche Bank; Bank für Handel und Industrie; Berliner Handels-Gesellschaft; S. Bleichröder; Mendelssohn u. Co.; Robert Warschauer u. Co.; Gebr. Schickler; M. A. v. Rothschild und Söhne, F a/M. — für 24000000 M.: Jakob Landau; Nationalbank für Deutschland. Bei zwei späteren Anleihen [1890. 55000000 M. 3½ % (95,53) und 1892 70000000 M. 3½ % (98,44)] hat die Stadtgemeinde nur mit e i n e m Bankhause in Verbindung gestanden.

Bielefeld. 1898: 6579500 M. 4 % (99,88). Bank für Handel und Industrie. Rob. Warschauer.

Braunschweig. a) 1887: 5000000 M. 3½ % (99,67). b) 1891: 3000000 M. 3½ % (96,60). c) 1891: 3000000 M. 3½ % (101,90). Bei den beiden ersten Anleihen die Bankhäuser in hiesiger Stadt; bei der letzten Anleihe daneben die Hildesheimer Bank.

Breslau. 1880: Von 24000000 M. %, ein Teilbetrag von 21000000 M. (97,60). Schlesischer Bankverein, Breslauer Diskontobank Friedenthal & Co., Breslauer Wechslerbank, Jakob Landau, Eichhorn & Co., E. Heimann, sämtlich in Breslau. — Vgl. oben S. 29.

Bromberg. 1899: 3080000 M. 3½ % (94,01). Bromberger Bank für Handel und Gewerbe; Breslauer Diskontobank; Ostbank für Handel und Gewerbe, Posen.

C. s. **K.**

Charlottenburg. a) 1895: 4000000 M. 3½ % (103,60). Deutsche Bank; Nationalbank für Deutschland; Jacob Landau. b) 1897: 4000000 M. 3½ % (100,20), dieselben Banken. c) 1899: 8000000 M. 3½ % (95,75). Seehandlung; Bank für Handel und Industrie; Berliner Handelsgesellschaft; S. Bleichröder; Delbrück, Leo & Co; Deutsche Bank; Deutsche Genossenschaftsbank Soergel, Parrisius & Co; Diskonto-Gesellschaft; Mendelssohn

& Co; Nationalbank für Deutschland; Robert Warschauer & Co; M. A. von Rothschild & Söhne, F a/M. — Vgl. oben S. 6. 19—27.

Darmstadt. 1891: 3000000 M. 4% (99,50). Deutsche Genossenschaftsbank Soergel, Parrisius & Co.; Oldenburgische Spar- und Leihbank, Oldenburg; E. Wasserschleben, Giessen.

Dessau. a) 1891: 1000000 M. 4% (98,00). b) 1896: 1250000 M. $3\frac{1}{2}$% (102,25). Seehandlung; Mendelssohn & Co.

Duisburg. a) 1889: 4000000 M. $3\frac{1}{2}$% (91,00). b) 1889: 1000000 M. $3\frac{1}{2}$% (91,00). c) 1896: 3000000 M. $3\frac{1}{2}$% (100,25). Diskonto-Gesellschaft; Deutsche Bank; Sal. Oppenheim jr. & Cie, Köln; Duisburg-Ruhrorter Bank, Duisburg.

Düren. 1899: 500000 M. $3\frac{1}{2}$%. (93,75). Dürener Bank; Delbrück, Leo & Cie; Aachener Diskonto-Gesellschaft.

Düsseldorf. 1890: 6500000 M. $3\frac{1}{2}$% (94,28). — 1894: 5000000 M. $3\frac{1}{2}$% (97,01). — 1899: 4000000 M. 4% (100,03). Bei sämtlichen: Jacob Landau; Nationalbank; Ephraim Meyer & Sohn, Hannover; C. G. Trinkaus, Düsseldorf; Seehandlung; Deutsche Bank; Bank für Handel und Industrie; S. Bleichröder; Diskonto-Gesellschaft; Delbrück, Leo & Cie.; Berg.-Märk. Bank, Elberfeld; D. Fleck & Scheuer, Düsseldorf; B. Simons & Cie., Düsseldorf.

Elberfeld. 1899: 10000000 M. 4% (100,01). Deutsche Bank; Bank für Handel und Industrie; S. Bleichröder; Diskontogesellschaft; Bergisch-Märkische Bank, Elberfeld; von der Heydt-Kersten & Söhne, Elberfeld; J. Wichelhaus P. Sohn, Elberfeld; Seehandlung; Delbrück, Leo & Co.

Erfurt. a) 1893: 3000000 M. $3\frac{1}{2}$%. (96,75). Seehandlung; Deutsche Genossenschaftsbank; Pinckert, Blanchart & C°, Erfurt; b) 1896: 1000000 M. $3\frac{1}{2}$%. (101,70). Feuerversicherungsbank für Deutschland, Gotha; Privatbank, Gotha; Stürke, Erfurt. c) 1899: 1000000 M. $3\frac{1}{2}$%. (94,66) Stürke, Erfurt; Pinckert, Blanchart & C°, Erfurt; Privatbank, Gotha.

Essen. 1897: 4000000 M. $3\frac{1}{2}$%. (99,75—97,50). Essener Kredit-Anstalt; Diskonto-Gesellschaft; Deutsche Bank; Schaaffhausenscher Bankverein, Köln; Sal. Oppenheim jun., Köln.

Freiberg i. S. 1872: 900000 M. 4%. (93,00). Vorschussbank, Freiberg i. S.; Heinrich Rode, Freiberg i. S. 1895: 1500000 M. $3\frac{1}{2}$%. (101,50), Sächsische Bank, Dresden; Dresdener Bank.

Freiburg i. B. 1894: 3000000 M. $3\frac{1}{2}$% ($100,10\frac{1}{2}$) Rheinische Kreditbankfiliale, Freiburg i. B.; Christian Mez, Freiburg i. Br. — 1898. 3000000 M. $3\frac{1}{2}$% (99,57) Oberrheinische Bank, Freiburg i. Br.; Seehandlung; Deutsche Bank. Es waren verschiedene Angebote eingelaufen, so dass ein thatsächlicher Wettbewerb vorgelegen haben dürfte.

Giessen. 1895: 200000 M. $3^1/_2{}^0/_0$. (101,60). Mitteldeutsche Kreditbank, F a/M.; Aron Heichelheim, Giessen. 1896: 1800000 M. $3^1/_2{}^0/_0$. (101,38). Mitteldeutsche Kreditbank, F a/M.; Deutsche Genossenschaftsbank F a/M.

Göttingen. 1899: 1073000 M. $3^1/_2{}^0/_0$ (95,35). Hannoversche Bank; Herm. Bartels, Hannover; sämtliche Göttinger Bankiers.

Gotha. a) 1888: 1200000 M. $3^1/_2{}^0/_0$ (100,40 u. 100,10). b) 1894: 750000 M. $3^1/_2{}^0/_0$. (96,00, 101,75, 100,00). c) 1898: 1000000 M. $3^1/_2{}^0/_0$. (99,10$^0/_0$). Privatbank, Gotha; M. Strupp, Gotha; Stephan Lenheim Nachfolger.

Greiz. 1887: 700000 M. $3^1/_2{}^0/_0$. (96,00). A. E. Wassermann, Bamberg; Ephr. Meyer & Sohn, Hannover; Filiale der Deutschen Bank, F a/M.

Hagen. 1886: 2000000 M. $3^1/_2{}^0/_0$. (100,10). Sal. Oppenheim jun. & Cie, Köln. Diskontogesellschaft.

Halle a. S. 1899: 854500 M. $3^1/_2{}^0/_0$ (94,50). Vier hiesige und mehrere auswärtige (Berliner u. Leipziger) Firmen.

Hameln. 1892: 1500000 M. $3^1/_2{}^0/_0$. (94,00 bis 101,43) Braunschweig-Hannoversche Hypothekenbank, Hannover; Hermann Bartels, Hannover; Ephraim Meyer & Sohn, Hannover. 1898. 1500000 M. $3^1/_2{}^0/_0$. (98,55). Deutsche Bank. Hannoversche Bank, Hannover. Budde & Zeddies, Hameln.

Hanau. 1889: 500000 M. $3^1/_2{}^0/_0$ (101,11). Mitteldeutsche Creditbank F a/M.; Gebr. Stern, Hanau. 1898/99. 1500000 M. $3^1/_2{}^0/_0$. (98,78). Gebr. Fürth, Hanau; E. Meyer & Sohn, Hannover; Mauer & Plant, Cassel.

Heilbronn. 1898: 2000000 M. $3^1/_2{}^0/_0$ (98,63). Filiale der Württ. Vereinsbank; J. Gumbel, beide in Heilbronn.

Kaiserslautern. 1895: 1100000 M. $3^1/_2{}^0/_0$ (101,61). Kaiserslauterner Bank; Vorschussverein Kaiserslautern. 1897: 1100000 M. $3^1/_2{}^0/_0$ (100,56). Pfälz. Bank, Ludwigshafen a. Rh.; Bank von Elsass-Lothringen, Strassburg.

Kannstatt. 1887: 984600 M. $4^0/_0$. (101,54) Württemberger Vereinsbank; Württemberger Bankanstalt vorm. Pflaum & Co.; Stahl & Federer, G. H. Kellers Söhne; G. Hartenstein, sämtlich in Stuttgart.

Karlsruhe. 1889: 4000000 M. $3^0/_0$ (93,50). Seehandlung; Veit L. Homburger, Karlsruhe. 1896. 2000000 M. $3^0/_0$. 96,52$^0/_0$. Rheinische Creditbank, Mannheim; W. G. Ladenburg & Söhne, Mannheim; Deutsche Vereinsbank, F a/M.; Württembergische Vereinsbank, Stuttgart; Bank für Handel u. Industrie, Darmstadt; Aktiengesellschaft für Boden und Kommunalcredit, Strassburg; 1897. 4000000 M. $3^0/_0$ (92,69) Veit L. Homburger, Karlsruhe; Deutsche Bank; Oberrheinische Bank, Mannheim; Mannheimer Bank, Mannheim.

Kiel. 1898: 2300000 M. 3½%. (95,00; 96,90; 100,00) Deutsche Bank; Seehandlung.

Koblenz. 1898: 2300000 M. 3½% (99,78). Aachener Diskonto-Gesellschaft; Delbrück, Leo & Co.; J. H. Stein, Köln.

Königsberg i. Pr. 1893: 2000000 M. 3½% (100,10). Jakob Landau; Nationalbank für Deutschland; Breslauer Diskontobank; Norddeutsche Kreditanstalt, Königsberg i. Pr.; S. A. Samter Nachflg., Königsberg i. Pr.; — a) 1893: 2000000 M. 3½% (99,47). b) 1895: 1000000 M. 3½% (99,47). Deutsche Bank; Delbrück, Leo & Co.; F. W. Krause & Co.; Königsberger Vereinsbank, Königsberg; Joh. Conrad Jakobi, Königsberg. 1893: 1500000 M. 3½% (96,01). L. Behrens & Söhne, Hamburg; Ephraim Meyer & Sohn, Hannover; Norddeutsche Kreditanstalt, Königsberg; S. A. Samter Nachflg., Königsberg; Ostbank für Handel und Gewerbe, Posen. — Vgl. oben S. 12. 36—44.

Köln. a) 1894: 10000000 M. 3½% (99⅜). b) 1896: 6000000 M. 3½% (101,76). c) 1899: 13200000 M. 3½% (96,00). Anleihe ad a. Das hiesige Bankhaus Sal. Oppenheim jr. & Co. als Meistbietender für eigene Rechnung, sowie deren Berliner Konsortien, namentlich der Direktion der Diskontogesellschaft, des Bankhauses S. Bleichröder, der Bank für Handel und Industrie und der Berliner Handelsgesellschaft. Ausserdem gingen mehrere Angebote von hiesigen und auswärtigen Bankhäusern ein, zur Übernahme der Anleihe für einige Rechnung oder für Rechnung eines Konsortiums. Anleihe ad b. Für den in 1896 begebenen Teil der hiesige A. Schaaffhausensche Bankverein als Meistbietender in eigenem Namen und für Rechnung eines Konsortiums und zwar: der Herren Deichmann & Co., J. H. Stein, Leop. Seligmann, A. Levy und die Kölnische Wechsler- und Kommissionsbank, sämtlich in Köln. Anleihe ad c. Für den im Januar 1899 begebenen Betrag von 6 Millionen Mark: 1. der A. Schaaffhausensche Bankverein, 2. das Bankhaus Sal. Oppenheim jr. & Co. handelnd je im eigenen Namen und für Rechnung ihrer Konsortien, nämlich ad 1: der Firma Deichmann & Co., J. H. Stein, Leopold Seligmann, A. Levy und die Kölnische Wechsler- und Kommissionsbank in Köln, ad 2. der Bank für Handel und Industrie, der Berliner Handelsgesellschaft, der Dresdener Bank und des Herrn S. Bleichröder, sämtlich in Berlin. Jede dieser Gruppen übernahm den Betrag von 3 Millionen Mark; ausserdem ging ein gemeinsames niedrigeres Angebot ein auf Übernahme von 3 Millionen Mark seitens der Bergisch-Märkischen Bank in Elberfeld und der Deutschen Bank in Berlin. Anleihe ad b für den Rest von 2½ Millionen Mark, c) für den Rest von 6200000 Mark, zus. 8200000 Mark (der Rest von 2 Millionen Mark wurde der hiesigen städtischen Sparkasse überwiesen) begeben im Juli 1899 an den A. Schaaffhausenschen Bankverein und das Bankhaus Sal. Oppenheim jr. & Co. hierselbst, handelnd im eigenen Namen und für Rechnung der unter 2c erwähnten Konsortien. Ausserdem ging noch ein Angebot von der Königlichen Generaldirektion der Seehandlungs-Sozietät für sich und namens der Bergisch-Märkischen Bank in Elberfeld ein.

Kolmar. 1889. 1900000 M. $3\frac{1}{2}\%$. (101,92). Die hiesigen 4 Bankhäuser und 3 Strassburger. a) 1893 bis 1898. 1400000 M. $3\frac{1}{2}\%$. (99,50; 100,000; 101,00; 99,00; b) 1899. 400000 M. $3\frac{1}{2}\%$ (96,50). Die 4 hiesigen Bankhäuser.

Konstanz. a) 1880. 3200000 M. 4%. (96,25); b) 1887. 3700000 M. $3\frac{1}{2}\%$. (99,75). Aktiengesellschaft für Boden- und Kommunalkredit, Strassburg; Ch. Stähling, Strassburg; L. Valentin & Co., Strassburg; Rhein. Creditbank, Mannheim. Die erste Bank war die führende, die anderen wurden lediglich zur Operation herangezogen.

Kottbus. 1895. 3500000 M. 3% (95,00). Seehandlung. Delbrück, Leo & Co.; Robert Warschauer & Co.

Kreuznach. 1898. 1250000 M. 3%. (98,90). Deutsche Genossenschaftsbank; L. & E. Wertheimber, F a/M.; E. Meyer & Sohn, Hannover.

Leipzig. a) 1887. 16000000 M. $3\frac{1}{2}\%$ (98,50—103,00). b) 1890. 14000000 M. $3\frac{1}{2}\%$ (93,00—103,00). c) 1897. 20000000 M. 3% (85,00—93,00). Teilbetrag 8000000 M. Allgemeine Deutsche Kreditanstalt, Leipziger Bank, Filiale der Sächsischen Bank, Becker & Co., Frege & Co., Hammer & Schmidt, H. C. Plant, sämtlich in Leipzig.

Liegnitz. 1886. 4% u. $3\frac{1}{2}\%$ (102,25; 99,65) Schlesischer Bankverein, Breslau; E. Heimann, Breslau.

Ludwigshafen a. Rh. 1894: 8000000 M. 4% (102,37). Pfälz. Bank, Ludwigshafen; Deutsche Genossenschaftsbank, F a. M.; Ephraim Meyer & Sohn, Hannover; Deutsche Bank; Kösters Bank, A.-G., Mannheim. 1895: 860000 M. $3\frac{1}{2}\%$ (102,03). Dieselben. 1896: 1000000 M. $3\frac{1}{2}\%$ (101,13). Pfälzische Bank, Ludwigshafen; Oberrheinische Bank, A.-G., Mannheim.

Magdeburg. 1891: 9000000 M. $3\frac{1}{2}\%$ (93,25). Seehandlung; Diskonto-Gesellschaft; S. Bleichröder; Deutsche Bank; Dresdener Bank; Bankverein, Magdeburg; Privatbank, Magdeburg; F. A. Neubauer, Magdeburg; C. Bennewitz, Magdeburg; Dingel & Co., Magdeburg. 1891: 6000000 M. 4%. (99,81). Deutsche Genossenschaftsbank; Nationalbank für Deutschland; Jacob Landau; Oldenburgische Spar- und Leihbank; Ephraim Meyer & Sohn, Hannover; E. Alenfeld, Magdeburg. a) 1891: 6000000 M. $3\frac{1}{2}\%$

(94,77—100,75). Restbetrag von 1000000 M., b) 6000000 M. $3\frac{1}{2}\%$ (94,77). Teilbetrag von 2000000 M.: Seehandlung; S. Bleichröder; Deutsche Bank; Diskonto-Gesellschaft; Bankverein, Magdeburg; Privatbank, Magdeburg.

Mannheim. 1898: 6000000 M. $3\frac{1}{2}\%$. (99,76). W. H. Ladenburg & Söhne, Mannheim; Rheinische Kreditbank, Mannheim; Diskonto-Gesellschaft; S. Bleichröder; Bank für Handel u. Industrie, Darmstadt; Deutsche Vereinsbank, F a./M.; Württembergische Vereinsbank, Stuttgart; Aktiengesellschaft für Boden- und Kommunalkredit in Elsass-Lothringen. 1899: 8000000 M. 4%. (100,20). Deutsche Genossenschaftsbank, F. a./M.; Mitteldeutsche Kreditbank; C. Schlesinger, Trier & Cie., F a./M.; Norddeutsche Bank, Hamburg; M. M. Warburg & Cie., Hamburg; Ephraim Mayer, Hannover; Strauss & Cie., Karlsruhe; Oldenburgische Spar- u. Leihbank, Oldenburg; Doertenbach & Cie., Stuttgart; Württembergische Landesbank, Stuttgart. — Vgl. oben S. 31—33.

Mülhausen. a) 1890: 3000000 M. $3\frac{1}{2}\%$ (99,00), b) 2460000 M. 3%. (97,50). c) 2054000 M. $3\frac{3}{4}\%$. (99,50). Allgemeine Elsässische Bankgesellschaft, Strassburg; Banque d'Alsace & de Lorraine, Strassburg; Banque de Mulhouse, Strassburg; Comptoir d'Escompte, ...

München. 1894: a) 15000000 M. 4%. (102,81), b) 15000000 M. $3\frac{1}{2}\%$. (99,23). Bayer. Hypotheken- u. Wechselbank, München; Bayer. Handelsbank, München; Merck, Fink & Cie., München; Gutleben & Weidert, München. 1897: a) 14000000 M. $3\frac{1}{2}\%$. (100,02), b) 500000 M. $3\frac{1}{2}\%$. (98,75). Bayer. Vereinsbank, München; Königl. bayer. Bank, München; Dresdener Bank; S. Bleichröder. 1899: 11000000 M. $3\frac{1}{2}\%$. (93,82). Bayer. Bank, München; Nationalbank für Deutschland; Delbrück, Leo & Co.; Breslauer Diskontobank; Vereinsbank, Hamburg; Rheinische Kreditbank, Mannheim; Deutsche Effekten- und Wechselbank, F a./M.; Pfälzische Bank, München; Bankkommandite Gebr. Klopfer, München.

M.-Gladbach. 1891: 1225000 M. %. (100,05). Diskonto-Gesellschaft; Barmer Bankverein, Barmen; Bank für Handel u. Industrie; Delbrück, Leo & Cie.; Sal. Oppenheim jun. & Cie., Köln; Ephr. Meyer & Sohn, Hannover.

Nordhausen. 1887. 1961800 M. $3\frac{1}{2}\%$. (97,75). H. Bach, Nordhausen; Ephraim Meyer & Sohn, Hannover.

Nürnberg. 1898: 5000000 M. $3\frac{1}{2}\%$. (99,83). Breslauer Diskonto-Bank; Bayer. Bank, München; Norddeutsche Bank, Hamburg u. 3 Kons.; 1898: 3000000 M. $3\frac{1}{2}\%$ (97,31) Breslauer Diskonto-Bank; Bayer. Bank, München; Deutsche Effekten- und Wechselbank, F a./M. u. 3 Cons. 1899: 4000000 M. 4%. (100,14). Dresdener Bank; L. & E. Wertheimber, F a./M.

Offenbach a./M. 1898: 4000000 M. $3\frac{1}{2}\%$ (96,50). S. Merzbach in Offenbach; Bank für Handel u. Industrie; Nationalbank für Deutschland; Ephraim Meyer & Sohn, Hannover; A. Merzbach, F a./M.

Potsdam. 1892: 3000000 M. 4% (102,00). Deutsche Genossenschaftsbank; A. Schaaffhausenscher Bankverein in Berlin und Köln; Potsdamer Kreditbank; Ephraim Meyer & Sohn, Hannover.

Pforzheim. 1899: 3500000 M. 4% (99,50). Seehandlung; Deutsche Genossenschaftsbank; deren Kommandite F. a./M.; Ephraim Meyer & Sohn, Hannover; Straus & Cie, Karlsruhe; Süddeutsche Bank, Mannheim; Rob. Bloch, Pforzheim; J. Joseph, Pforzheim.

Posen. a) 1894: 1750000 M. $3\frac{1}{2}\%$ (96,83). Es traten folgende Konsortien auf: 1 (erhielt den Zuschlag) Delbrück, Leo & Co.; F. W. Krause; Heimann Saul, Posen. 2. Handelsgesellschaft; Bank für Handel und Industrie; Siegm. Wolff & Co., Posen. 3. Seehandlung, Deutsche Bank; Hartwig Mamroth & Co., Posen. 4. Deutsche Genossenschaftsbank; deren Kommandite F a./M.; Ephraim Meyer & Sohn, Hannover. 5. Dresdner Bank; Goldschmidt & Kuttner, Posen. 6. S. L. Landsberger; Breslauer Diskontobank. b) 1894: 1000000 M. $3\frac{1}{2}\%$ (99,41). Zuschlag erfolgte ohne Konkurrenz an dasselbe Konsortium wie bei a). c) 1897: 1750000 M. $3\frac{1}{2}\%$ (100,28). Es traten folgende Konsortien auf: 1. Deutsche Bank; Hartwig Mamroth & Co.; Heimann Saul, Posen; Siegm. Wolff & Co., Posen.

Regensburg. 1889: 350000 M. 3% (92,50). Bloch, Nürnberg; Handelsgesellschaft. 1897: 2500000 M. 3% (99,05). Bayr. Hyp. und Wechs. Bank, München; Diskonto-Gesellschaft; Böhm, Landshut.

Reutlingen. 1889: 500000 M. % (100,13). Deutsche Genossenschaftsbank, F a/M.; Reutlinger Handwerkerbank, Reutlingen.

Rheydt. 1896: 2100000 M. $3\frac{1}{2}\%$ (101,00). Delbrück, Leo & Co.; Peters & Cie., Krefeld und Rheydt.

Rostock. 1894: 5000000 M. $3\frac{1}{2}\%$ (91,00). Diskonto-Gesellschaft; M. A. v. Rothschild & Söhne, F a./M.; Anhalt & Wagner Nflg.; C. Ch. Lesenberg, Rostock; Allg. Deutsche Creditanstalt, Leipzig.

Rudolstadt. 1888: 800000 M. $3\frac{1}{2}\%$ (99,73). A. E. Wassermann, Bamberg; Filiale der Deutschen Bank F a. M.; Meyer & Sohn, Hannover.

Schoeneberg. 1892: 2000000 M. 4% (100,25). Joseph Goldschmidt & Co.; Ephraim Meyer & Sohn, Hannover. 1896: 7000000 M. $3\frac{1}{2}\%$ (101,51). Delbrück, Leo & Co.; F. W. Krause & Co.

Solingen. 1899: 3610000 M. 4% (101,25). Robert Warschauer & Co.

und die Nationalbank für Deutschland in Berlin. „Durch die allgemeine kritische Finanzlage hat der Zinsfuss auf 4 % normiert werden müssen.“

Stettin. 1888: 6000000 M. $3^1/_2$ %. Teilbetrag 2000000 M. $3^1/_2$ % (95,50). S. & L. Rothschild; Jakob Landau. 1894: 15000000 M. $3^1/_2$ %. Teilbeträge: a) 4000000 M. (99,41). b) 5000000 M. (101,77). Delbrück, Leo & Co.; F. W. Krause & Co. c) 2000000 M. (98,75). d) 2000000 M. (98,00). e) 2000000 M. (98,50). Delbrück, Leo & Co.; F. W. Krause & Co.; Wm. Schlutow, Stettin; Pommersche landschaftliche Darlehnskasse Stettin. 1899: 25000000 M. $3^1/_2$ %. Teilbetrag 10000000 M. $3^1/_2$ % (95,63). Seehandlung; Berliner Handelsgesellschaft; S. Bleichröder; Delbrück, Leo & Co.; Deutsche Bank; Deutsche Genossenschaftsbank; Diskonto-Gesellschaft; F. W. Krause & Co.; Nationalbank; Pommersche landschaftliche Darlehnskasse, Stettin; Wm. Schlutow, Stettin; Norddeutsche Bank, Hamburg; M. M. Warburg & Co.; Ephraim Meyer & Sohn, Hannover.

Strassburg i. Els. 1893: 3000000 M. $3^1/_2$ % (99,00). Akt.-Ges. für Boden- und Kommunalkredit in Els.-Lothr.; Bank von Elsass-Lothringen; Allg. Elsässische Bankgesellschaft; Filiale der Bank von Mühlhausen; Ch. Staehling. L. Vallentin & Cie.; Bankkommandite Kauffmann, Engelhorn & Cie., C. Schwarzmann, sämtlich in Strassburg i. Els.

Thorn. 1895: 2200000 M. $3^1/_2$ % (102,50). Delbrück, Leo & Co; F. W. Krause & Co.

Ulm. 1893: 1500000 M. $3^1/_2$ % (98,05). Thalmessinger & Cie.. Ulm; Württembergische Vereinsbank, Stuttgart; Deutsche Vereinsbank, F a/M.; Bank für Handel und Industrie, Darmstadt; Filiale der Deutschen Bank, München.

Weimar. 1886: 700000 M. $3^1/_2$ % (100,86). Julius Elkan, Weimar und Jena; B. M. Strupp, Meiningen und Gotha.

Wiesbaden. a) 1891: 2340000 M. 4% (101,00). Seehandlung; Deutsche Genossenschaftsbank; deren Kommandite F a./M. b) 1896: 3375000 M. $3^1/_2$ % (101,57). Dieselben und Delbrück, Leo & Co. c) 1898: 2550000 M. $3^1/_2$ % (99,75) (letztere als erste Serie einer genehmigten Anleihe von 4550000 M.). Seehandlung; Deutsche Genossenschaftsbank; deren Kommandite F a./M.; Ephraim Meyer & Sohn, Hannover.

Worms. 1899: 3000000 M. 4 % (99,40). Pfälzische Bank, Ludwigshafen; Bank für Handel und Industrie, Darmstadt. — Vgl. oben S. 11. 15—19.

Zittau. 1896: 2000000 M. 3% (95,55). Oberlausitzer Bank, Zittau; Sächsische Bank, Dresden; Dresdner Bank; Dresdner Bankverein.

II.

Darlehen auf Schuldscheine etc.

(Vgl. oben S. 48, ferner die Vorbemerkung: S. 75.)

Aachen. a) 1895: 4200000 M. $3^1/_2$% (pari), b) 1897: 3000000 M. $3^1/_2$% (pari). Beide von der Privat-Sparkasse in Aachen (Aachener Verein zur Beförderung der Arbeitsamkeit).

Biebrich a. Rh. a) 1896: 670000 M. $3^1/_2$%; b) 1897: 630000 M. $3^1/_2$%; c) 1898: 80000 M. $3^3/_4$%. a) u. b) bei der Invaliditäts- u. Altersversicherungsanstalt für Hessen-Nassau zu Kassel; c) bei der Nassauischen Landesbank zu Wiesbaden.

Bochum. 1894: 787000 M. 4% von den Badeanstalts-Mitgliedern; 1893/1900: 3400000 M. $3^1/_2$%, (101,00) von dem Allg. Knappschafts-Verein. — Die von der Stadt aufgenommenen Anleihen — nach dem Haushaltsplan für 1899 zus. 8777000 M. rund — sind mit Ausnahme der obigen 787000 M. und einer öffentlichen Anleihe von 3560000 M., $3^2/_3$%, — auf Schuldscheine von der Städt. Sparkasse u. dem Allgem. Knappschaftsverein — gegen $3^1/_2$% — hergegeben. Für ein neues, in letzter Zeit bei der Landesbank der Prov. Westfalen beantragtes Darlehn von $1^1/_2$ Millionen M. werden 4% Zinsen verlangt u. auch erschwerende Rückzahlungs-Bedingungen aufgestellt. Die mit Begebung einer öffentlichen Anleihe verbundenen vielen Umstände, Kosten u. s. w. haben die städt. Behörden bestimmt, nach Möglichkeit den einfacheren und bequemeren Weg zur Aufnahme der Anleihen einzuschlagen.

C. s. **K.**

Dirschau. 1890: 600000 M. $3^1/_2$%. Hiervon 300000 M. von der Sparkasse Werl und 300000 M. von der Preuss. Centr.-Bodenkredit-Akt.-Ges.; 1892: 108000 M. $3^3/_4$% von der Sparkasse Dirschau; 1899: 200000 M. $3^3/_4$% von der Sparkasse Frankenstein.

Emden. „Bei Kapitalsbedarf für ausserordentliche Bedürfnisse wird das benötigte Geld zunächst gegen 4% Zinsen bei der städtischen Spar- u. Leihkasse angeliehen, die Anleihen gegen Ausgabe von Inhaberpapieren werden erst aufgenommen, wenn die Schuld bei der genannten Kasse eine solche Höhe erreicht hat, dass eine Abtragung derselben erwünscht ist. Die Abtragung richtet sich nach dem Erlös aus dem Obligationen-Verkauf; sie geschieht nachgerade."

Frankfurt a. O. „Die besten hiesigen Anleihen sind durch Aufnahme von Darlehen bei der hiesigen Sparkasse und durch direkte Begebung von Anteilscheinen an Private beschafft worden."

Geestemünde. 1898: 53000 M., 1897: 47000 M., 1897: 17000 M.;

sämtliche Anleihen sind entweder bei der Landes-Kreditanstalt, der Königl. Klosterkammer, beide zu Hannover, oder der Sparkasse hierselbst aufgenommen.

Gera-Reuss. 1893: 100000 M. $3^3/_4$ %; 1895/96: 1000000 M. $3^1/_2$ %; 1897/99: 1000000 M. $3^1/_2$ %; sämtlich von der Thüring. Versicherungsanstalt Weimar. — Im Jahre 1888 waren 3 Mill. M. auf Schuldscheine aufgenommen; die Ausgabe der Schuldscheine erfolgte freihändig; Bankhäuser waren nur insofern beteiligt, als sie, je nach Bedarf, bei der Stadt ankauften und dafür einen kleinen Vorzug im Preise genossen.

Glatz. Die Stadt deckt ihr Anleihebedürfnis bei der Provinzialhilfskasse für Schlesien, und daher Stadtobligationen durch Vermittelung von Banken nicht zur Ausgabe gelangen.

Glauchau. Bei den Anleihen 1886: 254000 M. $4^1/_8$ % und 1888: 920000 M., 4%, sind Inhaberpapiere nicht zur Ausgabe gekommen.

Göppingen. 300000 M. 3,5 %, 120000 M. 3,6 %, 185000 M. 4 % wurden bei der Württ. Sparkasse gegen einfachen Schuldschein aufgenommen.

Görlitz. Die Schulden der Stadtgemeinde bestehen nur in Anleihen bei der städtischen Sparkasse und in Pfandbriefschulden, welche auf den städtischen Gütern und Forsten lasten.

Greifswald. „Die Stadt Greifswald früher hat ihre Geldbedürfnisse je nach Bedarf durch Aufnahme von Darlehnen von Privatleuten unserer Stadt und Umgegend, welche auf gegenseitige sechsmonatliche Kündigung zu dem grade marktgängigen Zinsfuss (teils 5 pCt., teils $4^1/_2$ pCt.) gedeckt. Anfangs der 70er Jahre war die Summe dieser Anleihen infolge der Ausführung kostspieliger Hafenbauten und der Errichtung neuer Schulgebäude für das Gymnasium und eine höhere Mädchenschule auf etwa 750000 Rthlr. angewachsen. Um etwaigen Verlegenheiten, welche durch gleichzeitige Kündigungen von grösserem Umfange möglicherweise eintreten könnten (die übrigens während der Kriegsjahre 1866 und 1870/1 in keiner Weise hervorgetreten waren), vorzubeugen, extrahierten wir 1872 ein Privilegium zur Ausgabe von 800000 Rthlr. auf den Inhaber lautender, mit $4^1/_2$ pCt. verzinslicher und mit 1 pCt. zuzüglich der ersparten Zinsen zu tilgender Stadtobligationen, durch deren Ausgabe demnächst die sämtlichen unsererseits gekündigten Privatdarlehne abgetragen wurden und zwar zum bei weitem grössten Teil durch einfachen Umtausch der Schuldscheine gegen neue Stadtobligationen.

Nachdem Ende der 70er Jahre das 1781 für den damaligen Umfang der Provinz Pommern gegründete Institut der pommerschen Landschaft auf den Regierungsbezirk Stralsund ausgedehnt und dadurch die

Möglichkeit gegeben war, den sehr umfangreichen Güterbesitz der Stadt mit Pfandbriefen zu belasten, wurde zum 1. Januar 1882 auf einen Teil der Güter ein Betrag von $2^1/_4$ Mill. Mark 4 pCt. Pfandbriefe aufgenommen, welche nur mit $^1/_2$ pCt. zu amortisieren sind. Die sämtlichen damals noch in Umlauf befindlichen Stadtobligationen (rund 2150000 M.) waren von uns zu dem gleichen Termin gekündigt und den Inhabern ein Umtausch gegen Pfandbriefe unter Zusicherung einer Konvertierungsprämie von $^1/_4$ pCt. offeriert; da wir aber den Umfang, in welchem von dieser Offerte Gebrauch gemacht werden würde, im voraus nicht übersehen konnten, wurde der Betrag von 1 Mill. M. Pfandbriefe per 31. Dezbr. 1881 bereits im Oktober an ein Bankhaus fest verkauft, um die nötigen Mittel zur Barrückzahlung gekündigter Obligationen zur Disposition zu haben — eine Vorsichtsmassregel, welche sich freilich später als unnötig erwiesen hat.

Der günstige Stand des Geldmarktes gestattete uns, 1886 die 4 pCt. Pfandbriefe auf $3^1/_2$ pCt. und 1895 auf 3 pCt. zu konvertieren, wodurch der Betrag der für die Anleihe zu entrichtenden Zinsen jedesmal um 11250 M. jährlich verringert wurde, während die Gesamtkosten dieser beiden, von der General-Landschaftsdirektion bezw. in deren Auftrag durch die Pommersche Landschaftliche Darlehnskasse in Stettin durchgeführten Operationen von rund 175000 M. im wesentlichen aus dem inzwischen angesammelten Amortisationsguthaben gedeckt werden konnten.

In den letzten Jahren haben wir zur Deckung von Kapitalausgaben wiederum zweimal je 200000 M. gegen auf den Namen lautende mit $3^3/_4$ pCt. resp. $3^1/_2$ pCt. verzinsliche seitens der Gläubiger unkündbare Privatschuldscheine à 500 M. von Kapitalisten unserer Stadt bezw. Umgegend angeliehen, welche nach festgestellten Amortisationsplänen jährlich durch Auslosung getilgt werden.“

Hamm i. W. Die gesamten städtischen Anleihen sind bei der hiesigen Sparkasse aufgenommen.

Hirschberg i. Schl. Mit Ausnahme von 1 150 000 M. (1891) sind sämtliche Anleihen bei der städtischen Sparkasse aufgenommen.

Höhscheid. Die Stadtgemeinde hat etwa 253 000 M. Schulden, die aber nicht bei Banken, sondern sämtlich bei öffentlichen Kassen aufgenommen worden sind.

Hoerde. 1896: 150 000 M. $3^5/_6$%, 1896: 8000 M. $3^5/_6$%, 1897: 30 000 M. $3^5/_6$% von der Sparkasse der Stadt Hoerde.

Jena. Die Stadtgemeinde hat keine Obligationsanleihen.

Insterburg. 1886: 450 000 M. 4% aus dem Reichs-Invalidenfonds; 1899: 1 200 000 M. $3^1/_2$% vom Provinzial-Hilfsfonds.

Iserlohn. „Die Stadtgemeinde giebt grundsätzlich keine Obligationen aus, sondern nimmt bei Sparkassen, Knappschaften etc. Amortisationsdarlehen auf und steht sich dabei recht gut." Die letzten Anleihen waren folgende: 1895: 72 000 M. $3^3/_4$ % bei der Landesbank von Westfalen; 1896: 9000 M. $3^7/_8$ % bei der Sparkasse in Iserlohn; 1897: 1000000 M. $3^1/_2$ % beim Knappschaftsverein in Bochum. Letztere Anleihe wird in Beträgen von 50 000 M. und höher abgehoben, und sind bis jetzt 450 000 Mark erhoben worden. Für eine im Jahre 1887 bei der Provinzial-Hilfskasse in Münster aufgenommene Anleihe von 41 500 M. ist der Zinsfuss von $4^1/_2$ auf $3^3/_4$ % ermässigt worden, weil der Zinsfuss im allgemeinen herabgesetzt war.

Itzehoe. Eine Inhaberanleihe auf Grund Privilegiums vom 9. Dezbr. 1886: 1500000 M. $3^1/_2$ % (nicht unter 97,00) nach und nach ausgegeben. Nur ein Teil von etwa 300 bis 400000 M. ist einer Bank überlassen, um die Anleihe mit auf den Kurszettel der Hamburger Börse zu bringen. Nach dem Haushaltungsplan betragen die Gesamtschulden Ende März 1899: 2179417 M. 33 Pf. Davon werden bis Ende März 82549 M. 22 Pf. getilgt. Die Inhaberanleihe beträgt Ende März noch 1112500 M. Darauf werden ohne Zuwachs der ersparten Zinsen jährlich $2^1/_2$ % abgetragen, also 37500 M. 22311 M. sind unkündbar, 48000 M. zinsfrei. Der Anleiherest (gegen Schuldscheine) wird in verschiedener Höhe (mit 10 %, 5 %, $2^1/_2$ % etc.) meist mit Zuwachs der ersparten Zinsen getilgt. Mit Kreditbanken uns weiter einzulassen, haben wir bisher glücklich vermieden. Zinsfuss auch des Anleiherestes, mit Ausnahme geringer Beträge, noch nicht 4 %, meist $3^1/_2$ %.

Kempten. 1897: 157000 M. $3^1/_2$ % (100,00); 1897: 71000 M. $3^1/_2$ % (100,00); 1894: 430000 M. 4 % (101,00). Die beiden erstgenannten Anleihen übernahm die Sparkasse in Kempten zum Nominalwert, die dritte ein hiesiges Bankgeschäft.

Königshütte O. Schl. 1884: 600000 M. 4 % vom Reichs-Invalidenfonds; 1898: 3200000 M. $3^1/_2$ % von der Provinzial-Hilfskasse. Die letztere Anleihe ist noch nicht begeben.

Krefeld. 1895: 2700000 M. zu $3^3/_4$ % bei der Preussischen Rentenversicherungsanstalt zu Berlin. 1899: 500000 M. zu 4 % bei der Kreissparkasse zu Neu-Haldensleben; 1899: 235000 M. zu 4 % bei der Sparkasse der Stadt Osnabrück.

Kreuznach. 1897: 2380000 M. $3^1/_2$ %. Als Darlehn von einer Lebensversicherungsgesellschaft und zwar al pari.

Krimmitschau. Die Stadtgemeinde hat in den letzten Jahren keine Stadtschuldscheine herausgegeben, sondern die grösseren Bedürfnisse (für die Wasserleitung und Schlachthof: 1300000 M.; Realschulbau: 130000 M.

Gasanstaltserwerb und -Vergrösserung: 450000 M.) durch amortisierbare Darlehen bei der Versicherungsanstalt f. d. Kgr. Sachsen und beim Landwirthschaftl. Kreditverein in Dresden gedeckt.

Luckenwalde. „Die Stadt hat bisher nur Anleihen durch Aufnahme von Darlehen bei der Kreissparkasse zu Jüterbog zu einer Verzinsung von $3^1/_2$% gemacht.“

Ludwigsburg. Die Stadt hat bei Banken nie Anleihen aufgenommen, mit Ausnahme eines kleinen Darlehns von 60000 M., das ihr die hiesige Spar- und Vorschussbank gewährte (die solche Geschäfte sonst nicht macht) und das in 6 Jahren getilgt wird. Die sonstigen Anlehen wurden gegen einfachen Schuldschein bei der Württ. Sparkasse, auch bei einem hiesigen Grossindustriellen aufgenommen, natürlich dann immer zu pari.

Marburg. Nach dem Jahre 1886 sind Kapitalaufnahmen der Stadt nicht mehr durch Anleihen-Ausgaben gedeckt, sondern aus dem Vermögen des Freiherrn v. Stumm (2000000 M.) entliehen.

Meerane. Die Anleihen sind direkt bei Banken und Geldinstituten (bes. Landwirtschaftl. Kreditverein, Versicherungsanstalt für das Königr. Sachsen) aufgenommen worden.

Meiderich. 1886: 300000 M. 4%. Die von der Stadtgemeinde gethätigten Anleihen erfolgten fast ausschliesslich aus öffentlichen Kassen.

Meissen. 1899: 1150000 M. $3^7/_8$ %. Das Darlehen wurde von einer Versicherungsanstalt gewährt.

Metz „ist in der glücklichen Lage, keine Schulden zu haben und beabsichtigt auch in nächster Zeit nicht, Anleihen aufzunehmen“.

Mühlhausen i. Th. 1895: 2000000 M. $3^5/_8$ %. Von der ursprünglichen Absicht, auf diese Anleihe Inhaberpapiere auszugeben, ist abgesehen und dagegen beschlossen worden, von der Lebensversicherungsbank für Deutschland in Gotha ein Darlehen von 2000000 M. aufzunehmen. Zu dem Zwecke sind folgende Bedingungen vereinbart. Das Darlehn ist seitens der Gläubigerin unkündbar. Die Gläubigerin ist verpflichtet: das Darlehn im Laufe von 10 Jahren in Theilzahlungen und zwar in Reichsgoldmünzen bar zu zahlen, dergestalt, dass von der Stadt in jedem Kalendervierteljahr nicht mehr als 150000 M. gefordert werden dürfen und zwar in Raten von mindestens 10000 M. Beträge bis zu 50000 M. können nicht früher als 14 Tage, solche über 50000 M. nicht früher als 4 Wochen nach erfolgter Anzeige beansprucht werden. — Die Stadt ist verpflichtet: das Darlehen innerhalb 10 Jahre abzuheben, die einzelnen Raten mit $3^5/_8$ % zu verzinsen in halbjährlichen, am 1. April und 1. Oktober fälligen Raten, der Gläubigerin den jedesmaligen festgesetzten Haushaltsplan mitzutheilen, das Darlehn vom Jahre 1896 ab mit $1^1/_2$ % + den durch frühere Abzahlungen ersparten Zinsen zu tilgen. Bei denjenigen Raten, welche noch nicht ein halbes Jahr im Besitz der Stadt sind, beginnt die Tilgung erst mit dem nächstfolgenden Zinstermin; die erste Tilgungsrate ist sonach erst am zweitnächsten Zinstermin fällig. — Der Schuldnerin bleibt vorbehalten, vom Jahre 1915 ab die Tilgungszahlung 3 Monate nach erfolgter Anzeige bis zu 5 % der ursprünglichen Darlehnssumme zu erhöhen oder den ganzen Rest der Anleihe zur Hälfte mit einer Frist von 6 Monaten und zur Hälfte mit einer Frist von 12 Monaten zum 31. März oder 30. September zu kündigen. — Das Kapital mit etwa rückständigen Zinsen und Kosten ist sofort zurückzuzahlen, wenn die Abführung einer Zins- oder Tilgungsrate trotz einmaliger Erinnerung über 4 Wochen nach dem Verfalltage im Rückstand bleiben oder die Haushaltspläne nach der Feststellung und Drucklegung auf einmalige Erinnerung nicht binnen 4 Wochen mitgetheilt werden. Alle Zahlungen haben in Reichsgoldmünzen zu erfolgen. Die Stadt haftet mit ihrem ganzen Vermögen und Einkommen. Für Beträge, welche bis Ende 1905 nicht abgehoben sind, soll für die Gläubigerin auf ihr Verlangen die Verpflichtung zu deren Gewährung erlöschen.

Oberhausen i. Rheinl. „Die Anleihen sind bisher stets von der Landesbank der Rheinprovinz erhoben."

Odenkirchen hat bisher keine Stadtobligationen ausgegeben.

Paderborn. Die Stadt hat eine Buchschuld bei den städt. Armenfonds aufgenommen, welche mit $3^1/_2$ % pro Jahr verzinst wird. Von Jahr zu Jahr wird bestimmt, wieviel und bei welchem Armenfond getilgt werden soll.

Pirna. „Die Stadt hat lediglich bei verschiedenen Geldinstituten (Invalidenfonds, Sparkasse Dresden, Landständische Bank in Bautzen, Landes-Versicherungsanstalt) Gelder aufgenommen."

Potsdam. 1886: 559900 M. 4 %, 1896: 600000 M. $3^3/_4$ %, beide von der städt. Sparkasse.

Quedlinburg. a) 1896: 420000 M. $3^1/_2$ %; b) 1897: 120000 M. $3^1/_2$ %; c) 1899: 320000 M. $3^1/_2$ %. Die Anleihen zu a) und c) sind bei der hiesigen städtischen Sparkasse, die zu b) ist bei einem Privaten aufgenommen.

Rendsburg. 1896: 2500000 M. (100%). Die Anleihe wurde von der Spar- und Leihkasse hier übernommen.

Ronsdorf. „Stadtobligationen sind seitens der hiesigen Stadtgemeinde nicht ausgegeben, vielmehr die erforderlichen Anleihen bei Sparkassen und anderen Finanzinstituten gemacht worden."

Stolberg (Rheinl.). 1896: 200000 M. $3\frac{1}{2}$ %; 1892: 66000 M. 4 %; 1888: 30000 M. 4 % (getilgt). Die Anleihen sind von der Landesbank der Rheinprovinz und der Kreis-Spar- und Darlehnskasse des Landkreises Aachen hergegeben.

Stolp i. P. 1899: 2186000 M. $3\frac{1}{2}$ % ($99_{,00}$); 1899: 500000 M. $3\frac{1}{2}$ % ($99_{,00}$). Der günstige Emissionskurs ist lediglich dadurch erzielt, dass die Anleihen von der städtischen Sparkasse und anderen städtischen Kassen übernommen sind.

Strassburg i. Els. a) 1884: 7000000 M. 4 % vom Reichs-Invalidenfonds. Amortis. 1 % von 1884 ab mit Hinzurechnung der ersparten Zinsen; b) 1891: 1750000 M. $3\frac{3}{5}$ %. Zur Verstärkung der Tilgung der Anleihe beim Reichs-Invalidenfonds (jährlich 5 % des ursprünglichen nominellen Schuldkapitals); c) 1891: 165000 M. $3\frac{3}{4}$ %; d) 1896: Kontokorrentdarlehn von 2500000 M. $3\frac{3}{5}$ % rückzahlbar den 1. März 1900; e) 1897: 1750000 M. $3\frac{3}{5}$ %. Zur Verstärkung der Tilgung der Anleihe beim Reichsinvalidenfonds (5 % des ursprünglichen nominellen Schuldkapitals) ad b bis e von der Staats-Depositenverwaltung in Strassburg i. Els.; f) 1898: 4000000 M. $3\frac{1}{2}$ % bei der Sparkasse zu Strassburg i. E.

Stuttgart. Drei Anlehen wurden in früheren Jahren bei der Invaliditäts- und Altersversicherungsanstalt aufgenommen; dieselbe behauptet, jetzt hinlänglich mit kommunalen Werten gesättigt zu sein und lehnt zur Zeit weitere Beteiligungen ab.

Tilsit. 1897: 154500 M. $3\frac{1}{2}$ %; 1898: 157000 M. $3\frac{1}{2}$ %; 1899: 600000 M. $3\frac{1}{2}$ %. Die Darlehne sind bei der Provinzial-Hilfskasse zu Königsberg O./Pr. aufgenommen worden.

Zeitz. Die für die städtischen Bedürfnisse notwendig gewordenen Anleihen sind bisher bei der 15 Millionen M. Einlagen enthaltenden städtischen Sparkasse in Zeitz aufgenommen worden.

Die obige Zusammenstellung kann nach ihrem Ursprunge (aus Anlass einer andern Ermittelung, vgl. oben S. 75) keinen Überblick über die wirkliche Verbreitung der Darlehnsformen geben, die neben der Inhaber-Obligation bestehen. So ist es blosser Zufall, dass unter den aufgeführten Städten nur drei sind, die den Reichs-Invalidenfonds mit Erfolg in Anspruch genommen haben. Immerhin lohnt es, die einzelnen Kategorien zusammenzustellen; man ersieht daraus wenigstens in jeder Kategorie einige Städte, die in der betreffenden Darlehnsform Erfahrung haben.

---

1. Reichs-Invalidenfonds: Insterburg, Königshütte, Strassburg i. E.
2. Provinzial-Hilfskassen, Landesbanken etc.: Biebrich, Geestemünde, Glatz, Insterburg, Iserlohn, Königshütte, Oberhausen (Rheinl.), Stolberg (Rheinl.), Tilsit.

3. Sparkassen: Aachen, Bochum, Dirschau, Emden, Frankfurt a. O., Geestemünde, Göppingen, Görlitz, Hamm, Hirschberg, Hörde, Iserlohn, Kempten, Krefeld, Luckenwalde, Ludwigsburg, Pirna, Potsdam, Quedlinburg, Rendsburg, Ronsdorf, Stolberg (Rheinl.), Stolp i. P., Strassburg i. E., Zeitz.

4. a. Invaliden-Versicherungsanstalten: Biebrich, Gera, Krimmitschau, Meerane, Pirna, Stuttgart („gesättigt“);
   b. Berufsgenossenschaften der Unfallversicherung: Bochum (Knappschaft), Iserlohn (Knappschaft);
   c. Versicherungsgesellschaften: Krefeld, Kreuznach, Meissen, Mühlhausen i. Th. (interessanter Vertrag).

5. Verschiedene Anstalten: Geestemünde (Königl. Klosterkammer), Paderborn (Armenfonds), Strassburg i. E. (Staats-Depositenverwaltung).

6. Hypotheken: Görlitz, Greifswald.

7. Hypothekenbanken: Dirschau.

8. Einfaches Darlehen bei Banken, Bankiers etc.: Kempten, Krimmitschau, Meerane, Pirna.

9. Desgl. bei Privatleuten: Frankfurt a. O., Greifswald, Ludwigsburg, Marburg, Quedlinburg. — Freihändige Ausgabe von Schuldscheinen: Gera.

Städte, die ihren Anleihebedarf ganz oder vorzugsweise ohne Obligationen decken (teilweise mit dem Ausdruck grosser Befriedigung): Bochum, Emden, Frankfurt a. O., Geestemünde, Glatz, Glauchau, Görlitz, Greifswald (sehr instruktiver Bericht), Hamm, Hirschberg, Höhscheid, Hoerde, Jena, Iserlohn, Itzehoe, Krimmitschau, Luckenwalde, Ludwigsburg, Marburg, Meerane, Meiderich (Odenkirchen), Paderborn, Pirna, Ronsdorf.

III.

Verzeichnis der Emissionen städtischer Anleihen 1896—99.

a. Berliner Börse.

(1. Januar 1896 bis 30. Juni 1899.)

Datum	Name der Stadt	Zinsfuss %	Emissionskurs %	Höhe der Anleihe M.
1896				
Juli 14.	Dessau	$3\frac{1}{2}$		1250000
„ 16.	Cottbus	3	$96\frac{1}{4}$	3500000
„ 19.	München (1886, 1887, 1888, 1890, 1894)	$3\frac{1}{2}$		9000000 7000000 12000000 4000000 15000000
Aug. 6.	Bonn	3	97	3000000
Sept. 19.	Dortmund (III. Abt.)	$3\frac{1}{2}$	101,60	2800000
Okt. 16.	Duisburg	$3\frac{1}{2}$	101	15000000
„ 30.	Saarbrücken	$3\frac{1}{2}$		2000000
Dez. 28.	Nürnberg (Ser. II)	$3\frac{1}{2}$		2000000
1897				
Jan. 20.	Nürnberg	$3\frac{1}{2}$	101,35	2000000
Febr. 17.	Köln a. Rh.	$3\frac{1}{2}$	102,40	3500000
April 3.	Augsburg	$3\frac{1}{2}$		6000000
„ 3.	Königsberg i. Pr. (v. 1893 Ser. II)	$3\frac{1}{2}$	100,75	2000000
„ 29.	Barmen (v. 1896)	$3\frac{1}{2}$		2940000
Mai 14.	Hamburg	3	95,90	20000000
„ 20.	Flensburg	$3\frac{1}{2}$	$100\frac{3}{4}$	2450000
Juni 8.	Nürnberg	$3\frac{1}{2}$		1500000
Aug. 11.	München	$3\frac{1}{2}$	100,60	14000000
„ 21.	Halberstadt	$3\frac{1}{2}$	100,20	2750000
Sept. 24.	Höxter	$3\frac{1}{2}$	100	1000000
Okt. 5.	Schwerin i. M.	$3\frac{1}{2}$	$100\frac{3}{8}$	2500000
„ 5.	Stettin (Lit. O. v. 1894)	$3\frac{1}{2}$	99	2000000
„ 26.	Charlottenburg (v. 1895 II. Abt.)	$3\frac{1}{2}$		4000000

Datum	Name der Stadt	Zinsfuss %	Emissionskurs %	Höhe der Anleihe M.
1898				
März 21.	Königsberg i. Pr. (1893 Ser. III)	$3^1/_2$		2000000
	„ (v. 1895)	$3^1/_2$		1000000
April 2.	Essen	$3^1/_2$	100,25	2940000
„ 15.	Coblenz (1898)	$3^1/_2$		2300000
	„ (1886)	$3^1/_2$		1286800
Mai 7.	Münster i. W.	$3^1/_2$	100,40	2500000
„ 18-28.	Inowrazlaw (im Umtausch gegen			1200000
	4% und in bar)	$3^1/_2$		2000000
Juni 9.	Offenburg	$3^1/_2$	100	
„ 14.	Mannheim	$3^1/_2$	$100^1/_4$	6000000
Juli 8.	Dresden (1893)	$3^1/_2$	$99^1/_2$	3000000
„ 11.	Bremen	$3^1/_2$	$98^3/_4$	12000000
„ 16.	Hameln	$3^1/_2$	$99^1/_2$	1500000
„ 30.	Mainz (1894)	$3^1/_2$		1000000
Aug. 2.	Mannheim (1897)	$3^1/_2$		5000000
„ 17.	Baden-Baden	$3^1/_2$	$98^3/_4$	1500000
Sept. 10.	Kiel	$3^1/_2$	$98^3/_4$	3000000
Okt. 19.	Nürnberg (Ser. III)	$3^1/_2$	$98^1/_4$	3000000
„ 22.	Wiesbaden	$3^1/_2$		2550000
Nov. 7.	Dortmund	$3^1/_2$	96,75	4800000
„ 11.	Köln	$3^1/_2$	$97^1/_4$	6000000
„ 18.	Königsberg (1893 Ser. IV)	$3^1/_2$		1500000
1899				
Jan. 26.	Köln	$3^1/_2$	$100^1/_2$	13200000
März 9.	Hamburg	$3^1/_2$	99,90	35000000
April 8.	Lübeck	$3^1/_2$	96,60	14000000
„ 8.	Stettin	$3^1/_2$		10000000
„ 12.	Worms	4	100,40	3000000
„ 21.	Bremen	$3^1/_2$	96,30	22000000
„ 26.	Pforzheim	4	100,50	3500000
Mai 5.	Charlottenburg (Abt. I)	$3^1/_2$	95,75	8000000
„ 12.	Fraustadt (1898)	$3^1/_2$		1000000
„ 30.	Magdeburg	$3^1/_2$	95,75	3000000
„ 30.	Schwerin i. M. (1897)	$3^1/_2$	95,40	3000000
Juni 2.	Boxhagen-Rummelsburg	$3^1/_2$	94,60	2200000

Datum	Name der Stadt	Zinsfuss %	Emissionskurs %	Höhe der Anleihe M.
Juni 6.	Dortmund (1898 Abt. II)	3½	95,70	7300000
„ 13.	Mannheim	4	101,20	8000000
„ 14.	Bielefeld (Ausg. ID)	4	101	4939500
„ 16.	Pirmasens	4	100,50	1000000
„ 17.	Düren	3½	94½	500000
„ 17.	Köln (1896)	3½		2500000
	„ (1899)	3½	95¾	6200000
„ 26.	Bromberg	3½	94,60	3080000

b. Frankfurter Börse.

(1. Januar 1896 bis 31. Dezember 1898.)

Datum	Name der Stadt	Zinsfuss %	Emissionskurs %	Höhe der Anleihe M.
1896				
Jan. 28.	Wiesbaden	3½	102,40	3375000
April 8.	Worms	3½	102,20	1914000
Mai 6.	Giessen	3½	102,20	1800000
„ 11.	Bremen	3	98,20	48000000
Juni 24.	Karlsruhe	3	97,20	2000000
Juli 17.	Ludwigshafen	3½	102,20	1000000
Sept. 1.	Völklingen a. d. Saar	3½	101,00	1000000
1897				
Mai 6.	Hamburg	3	96,10	20000000
„ 28.	Nürnberg (II. Ser. v. 1896)	3½	101,10	1500000
Juni 18.	Frankfurt a. M. Lit. R.	3½		6685900
„ 22.	„ Lit. V.	3½	101,10	5000000
Juli 12.	Kaiserslautern	3½	101,10	1100000
Aug. 20.	Giessen	3½	100,50	1000000
Sept. 1.	Karlsruhe	3	94,00	4000000
Okt. 18.	Darmstadt	3½	100,80	5000000
Nov. 30.	Frankfurt a. M. Lit. V.	3½		10000000
1898				
April 28.	Mannheim	3½	100,20	6000000
Mai 18.	Kreuznach	3½	100,00	1250000
„ 31.	Offenburg	3½	100,00	2000000

Datum	Name der Stadt	Zinsfuss %	Emissions-kurs %	Höhe der Anleihe M.
Juni 3.	Nürnberg (Ser. II v. 1889)	$3\frac{1}{2}$	100,50	5000000
Juli 29.	Baden-Baden	$3\frac{1}{2}$	98,80	2500000
Sept. 15.	Frankfurt a. M. Lit. W.	$3\frac{1}{2}$	99,70	6000000
Okt. 10.	Wiesbaden	$3\frac{1}{2}$	99,60	2550000
„ 17.	Nürnberg (Ser. III)	$3\frac{1}{2}$	98,30	3000000
„ 21.	Offenbach a. M.	$3\frac{1}{2}$	97,80	4000000

IV.

Das Kreditwesen der Städte in der Provinz Hessen-Nassau.*)

(Vergl. oben S. 45—48.)

a) Referat von Bürgermeister Strauss-Hersfeld.

M. H.! Auf dem vorjährigen Städtetage in Witzenhausen hatte ich die Ehre, Sie über verschiedene Einnahmequellen der Städte unseres Regierungsbezirks unterhalten zu dürfen. Gestatten Sie mir, in diesem Jahre einen Posten der städtischen Passiva hier zu behandeln und zwar die städtischen Anleihen und was mit denselben in Beziehung steht.**)

Wir Leute der Praxis haben nur wenig oder gar keine überflüssige Zeit; aus diesem Grunde habe ich meinen Ausführungen nicht den ursprünglich beabsichtigten Umfang geben können und der Titel meines Referates verspricht infolgedessen mehr als ich zu geben in der Lage bin. Ich bitte dies gütigst entschuldigen zu wollen.

*) Aus: „Verhandlungen der X. Jahresversammlung des Hessischen Städtetages zu Fulda am 23. und 24. Juni 1899, zusammengestellt von Stadtkasseurat Boedicker, Mitglied des Magistrats zu Kassel. Kassel 1899, Druck von Weber & Weidemeyer," S. 30—37, 58—61.

**) Zu vergleichen die als Anlagen 1, 2, 3 und 4 beigefügten tabellarischen Übersichten.

Eine einheitliche Organisation des städtischen Kreditwesens ist, meines Wissens, in Deutschland nicht vorhanden. Jedenfalls fehlt sie in der Provinz Hessen-Nassau. Es war demnach notwendig, die erforderlichen Angaben sich von den einzelnen Stadtverwaltungen zu verschaffen und aus diesem Grunde musste naturgemäss die Bearbeitung dieser Frage sich innerhalb beschränkter Grenzen halten.

Das Formular für die verschiedenen Fragen, die ich an die einzelnen Stadtverwaltungen gestellt habe, ging an die 64 Städte des Regierungsbezirks Kassel und an die 40 Städte des Regierungsbezirks Wiesbaden. Von diesen 104 Städten haben mich 6 Städte des Regierungsbezirks Kassel (Fritzlar, Hünfeld, Schwarzenborn, Spangenberg, Volkmarsen und Ziegenhain) und 9 Städte des Regierungsbezirks Wiesbaden (Geisenheim, Hachenburg, Hochheim, Langenschwalbach, Lorch, Montabaur, Nastätten, Niederlahnstein und Oberursel) ohne Auskunft gelassen. Die genannten 15 Städte sind somit bei meiner Arbeit ohne alle Berücksichtigung geblieben. Trotzdem wird das Gesamtbild ein annähernd richtiges sein, denn die von mir behandelten 89 Städte weisen zusammen eine Gesamtbevölkerung von 682 358 Seelen auf, die nicht behandelten 15 Städte hingegen eine solche von 32 312 Seelen. Hierbei sei gleich bemerkt, dass ich bei allen Bevölkerungsangaben die vorläufigen Ergebnisse der Volkszählung vom 2. Dezember 1895, herausgegeben vom Königlich preussischen statistischen Bureau, zu grunde gelegt habe.

Von den verbleibenden 59 Städten des Regierungsbezirks Kassel waren 6 in der glücklichen Lage, melden zu können, sie hätten noch keine Schulden. Es sind dies Grebenstein, Grossalmerode, Naumburg, Neukirchen, Salmünster und Sooden. Von den restierenden 31 Städten des Regierungsbezirks Wiesbaden hat nur Hofheim Kredit bisher noch nicht in Anspruch genommen.

Höhe der Anleihen. a) Provinz.

Die Schuldenlast der hier behandelten 89 Städte unserer Provinz belief sich am 1. April 1898 — für diesen Tag sind alle Angaben gemacht — auf 122 478 332 M. Es wurden zur Verzinsung dieser Summe 4 261 265 M. und für die Tilgung 3 003 492 M. aufgewendet. Bei Beurteilung dieser Zahlen ist u. a. zu berücksichtigen, dass für verschiedene Anleihen Verzinsung und Tilgung noch nicht begonnen hatten und dass in der Mehrzahl der Fälle die ersparten Zinsen zu verstärkter Tilgung verwendet werden. Von diesem Gesamtschuldenbetrage von rund $122^1/_2$ Mill. M. kommen rund 92 Millionen, also 75 %, auf den Regierungsbezirk Wiesbaden, auf Kassel hingegen nur rund $30^1/_2$ Millionen oder 25 %.

Da der grösste Anteil an diesen Schulden auf die grossen Städte fällt und der Regierungsbezirk Wiesbaden mit den Städten Frankfurt a. M. und Wiesbaden in dieser Hinsicht den Regierungsbezirk Kassel mit der einzigen grossen Stadt Kassel überlegen ist, so erklärt sich hieraus die stärkere Schuldenlast der Städte des Regierungsbezirks Wiesbaden sehr leicht. Kommen doch von den Gesamtschulden aller Städte der Provinz auf Frankfurt a. M. allein mehr als die Hälfte, nämlich 66,3 Millionen oder 54,2 %.

Gegenüber Frankfurt a. M. können die Städte Kassel und Wiesbaden nicht in's Gewicht fallen. Beide haben zusammengenommen nicht einmal die Hälfte der Anleihebeträge von Frankfurt. Sie bringen es nur auf 31,5 Mill. M. oder 25,7 % der Schulden aller Städte der Provinz. Auf Kassel entfallen davon 16,6 Millionen, auf Wiesbaden 14,9 Mill. M.

Diese drei grossen Städte haben zusammen 97,6 Mill. M. Schulden, alle übrigen Städte der Provinz 24,6 Mill. M., es kommen sonach auf jene rund 80 %, auf diese 20 %. Wie klein kommt man sich doch mit seinen Bagatellschulden diesen Riesen gegenüber vor!

b) Regierungsbezirk Kassel.

Im Regierungsbezirk Kassel verteilen sich die vorerwähnten rund 30½ Mill. M. Schulden in folgender Weise:

	Schulden	%
1. Stadt Kassel	16,6 Mill. M. =	54,3
2. Stadt Hanau	4,6 „ „ =	15,2
3. Marburg, Fulda und Eschwege (10 bis 20000 Einw.)	5,5 „ „ =	18,1
4. Schmalkalden und Hersfeld (5 bis 10000 Einw.)	0,8 „ „ =	2,7
5. Städte mit 2—5000 Einw.	2,1 „ „ =	6,7
9. Städte mit weniger als 2000 Einw.	0,9 „ „ =	3,0
Zusammen	30,5 Mill. M. =	100,0%

Auch hier treten, wie wir dies schon in den vorstehenden Ausführungen bei der Provinz gesehen haben, die grösseren Städte in den Vordergrund. Die Stadt Kassel hat allein mehr Schulden, als alle übrigen Städte des Regierungsbezirks, nämlich 54,3 %, Kassel und Hanau 69,5 %, diese beiden mit Marburg, Fulda und Eschwege 87,6 %, die sieben Städte über 5000 Einwohner 90,3 %.

c) Regierungsbezirk Wiesbaden.

Im Regierunsbezirk Wiesbaden haben die einzelnen Städte bezw. Städteklassen in folgender Weise an der Schuldenlast Teil:

	Schulden	%
1. Frankfurt a. M.	66,4 Mill. M.	= 72,2
2. Wiesbaden	14,8 „ „	= 16,1
3. Biebrich-Mosbach und Höchst) 10 bis 20 000 Einw.)	2,9 „ „	= 3,2
4. Ems, Homburg, Limburg und Oberlahnstein (5—10 000 Einw.)	3,6 „ „	= 3,9
5. Städte mit 2—5000 Einw.	3,7 „ „	= 4,1
6. Städte mit weniger als 2000 Einw. . .	0,5 „ „	= 0,5
Zusammen .	91,9 Mill. M.	=100,0%

Frankfurt a. M. trägt sonach allein 72,2 % der Schulden aller Städte des Regierungsbezirks Wiesbaden, Frankfurt und Stadt Wiesbaden 88,3 %, diese mit Biebrich-Mosbach und Höchst 91,5 % und die acht Städte über 5000 Einwohner 95,4 %.

Es ergiebt sich aus diesen Zahlen schon, dass die Schuldenlast der minderbevölkerten Städte nicht sehr von Belang ist. Noch mehr tritt dies hervor bei einer Untersuchung der Frage, wie viel Schulden auf den Kopf der Bevölkerung in den einzelnen Städten bezw. Städteklassen kommen.

Schuldenlast pro Kopf der Bevölkerung.

Auch in dieser Beziehung steht Frankfurt a. M. obenan mit rund 290 M. Schulden auf den Kopf der Bevölkerung, dann folgen Kassel und Wiesbaden mit je rund 200 M., Hanau mit 167 M. Die Städte mit 10 bis 20 000 Einwohnern haben im Regierungsbezirk Kassel 135 M. Schulden auf den Kopf der Bevölkerung (es sind dies Marburg, Fulda und Eschwege), diejenigen im Regierungsbezirk Wiesbaden hingegen 126 M. (Biebrich-Mosbach und Höchst). Während nun die Städte von 5 bis 10 000 Einwohnern im Regierungsbezirk Wiesbaden (Ems, Homburg, Limburg, Oberlahnstein) mit einer Schuldenlast von durchschnittlich 121 M. auf den Kopf der Bevölkerung noch auf der Höhe der Zeit stehen — denn sie unterscheiden sich kaum von den Städten mit 10—20 000 Einwohnern ihres Bezirks — kann man dies von den in die gleiche Klasse fallenden Städten des Regierungsbezirks Kassel nicht sagen. Diese haben nur 54 M. Schulden auf den Kopf der Bevölkerung (Hersfeld und Schmalkalden). Die Städteklasse mit 2—5000 Einwohnern weist im Regierungsbezirk Kassel eine Schuldenlast von 35, im Regierungsbezirk Wiesbaden von 74 M., diejenige mit unter 2000 Einwohnern im Regierungsbezirk Kassel von 23, im Regierungsbezirk Wiesbaden von 43 M. auf den Kopf der Bevölkerung auf. Es befindet sich also eine recht scharf hervortretende Grenze bei den Städten mit einer Einwohnerziffer von über und unter 10 000 Seelen im Regierungsbezirk Kassel, während im Regierungsbezirk Wiesbaden sich diese Grenze erst bei den Städten mit einer Einwohnerzahl von über und unter 5000 Seelen und auch hier nicht so scharf ausgeprägt findet, wie im Regierungsbezirk Kassel.

Wenn die Inanspruchnahme von Kredit ein Zeichen wirtschaftlichen Aufblühens ist, so hätten die Städte unter 10 000 Einwohnern im Regierungsbezirk Kassel, voran Schmalkalden und Hersfeld, alle Veranlassung, von ihrem Kredit Gebrauch zu machen, d. h. sofern sie noch nicht vorhanden sind, diejenigen grossen Veranstaltungen zu treffen, welche in der Regel durch Anleihen gedeckt werden, wozu vornehmlich Kanalanlagen, Beleuchtungsanstalten und Wasserwerke gehören, und denen dann in der Regel Pflaster- und Trottoirlegung, sowie Ausbau neuer Strassen zu folgen pflegen. An eigentliche Luxusausgaben braucht man dabei noch gar nicht zu denken.

Zinsfuss. a) Provinz.

Geht man nun über zu einer Erörterung der Frage, zu welchem Zinsfuss die Stadtanleihen aufgenommen sind, so findet man, dass von den 122½ Millionen Anleihen der Städte der Provinz aufgenommen sind

107,2 Mill. M.	oder 87,6 %	zu 3½	bis unter	3¾ % Zinsen,
14,1 „ „	„ 11,5 %	zu mehr als		3¾ %*)
1,2 „ „	„ 0,9 %	unter		3½ %.

b) Regierungsbezirk Kassel.

Für den Regierungsbezirk Kassel allein gestaltet sich die Verteilung insofern günstiger, als von den 30½ Millionen Anleihen der Städte desselben 88,7 % zu 3½ bis unter 3¾ % angeliehen worden und die Beträge für Anleihen zu 3¾, 4 und gar 4½ % Verzinsung erheblich niedriger sind. Endlich wurden über 100 000 M. zu einem Zinsfusse von unter 3½ % aufgenommen.

Die Stadt Kassel hat nur 3½ %ige Anleihen, auch Hanau, abgesehen von einem Posten von nicht ganz 400 000 M. Ebenso haben Marburg, Fulda und Eschwege von ihren zusammen rund 5½ Millionen Schulden fast 4 Millionen zu 3½ % begeben, doch zahlt Marburg für fast ¾ Mill. M. 3¾ %, für über ¼ Million sogar 4 %, während Eschwege fast ¼ Million zu unter 3 % erborgt hat. Hersfeld verzinst seine Schulden ausschliesslich zu 3½ %, Schmalkalden hat gleichfalls 100 000 M. zu diesem Zinsfusse erhalten, 279 400 M. aber zu 4 %. Die Städte mit weniger als 5000 Einwohnern haben ihre Anleihen in der Hauptsache zu 3¾ %

*) Nämlich 3,4 Mill. M. oder 2,8 % zu 3¾ %,
8,6 „ „ „ 7,0 % „ 4 %,
2,1 „ „ „ 1,7 % „ 4½.

untergebracht, erst in zweiter Linie ist der Zinsfuss von $3^1/_3$ % vertreten, nicht selten findet sich 4 % (Orb, Treysa, Amöneburg, Kirchhain, Niedenstein, Rauschenberg, Sontra, Windecken haben nur 4 %ige Anleihen; Homberg, Wolfhagen, Schweinsberg, Trendelburg, Wächtersbach, Wetter relativ hohe Beträge zu 4 %), ja sogar $4^1/_2$, wenn auch nur in kleineren Beträgen bei Rotenburg, Schweinsberg und Tann. Auf der andern Seite haben aber auch die Städte unter 5000 Einwohnern mehrfach Beträge unter $3^1/_2$ %, hauptsächlich wohl von der Landesbrandkasse zur Anlegung von Wasserleitungen entliehen.

c) Regierungsbezirk Wiesbaden.

Im Regierungsbezirk Wiesbaden sind von fast 92 Mill. M. städtischer Schulden 87,1 % zu $3^1/_2$ bis unter $3^3/_4$ % Verzinsung geborgt worden; 2,5 % der Anleihen werden mit $3^3/_4$ %; 7,9 % mit 4 %; 2,3 % mit $4^1/_2$ % verzinst. Die Städte dieses Regierungsbezirks zahlen somit im allgemeinen einen höheren Zinsfuss, als diejenigen unseres Regierungsbezirks. Sie haben nicht nur geringere Beträge als wir mit weniger, sie haben auch höhere Beträge als wir mit mehr als $3^1/_2$ % zu verzinsen. Schon die Stadt Frankfurt zahlt für 5,7 Mill. M. 4 % und für 1,4 Millionen $4^1/_2$ % Zinsen (allerdings gegenüber $59^1/_4$ Millionen zu $3^1/_2$ %). Wiesbaden, Biebrich-Mosbach und Höchst haben, wenn auch relativ kleine Beträge mit $3^3/_4$ % zu verzinsen. Erheblich ungünstiger liegen die Verhältnisse für die Städte mit 5—10000 Einwohnern. So hat Ems von rund 720000 M. Schulden nur 318500 zu $3^1/_2$, fast 50000 M. zu $3^3/_4$ und fast 352000 M. zu 4 % zu verzinsen. Homburg v. d. H. zahlt von rund 1,8 Mill. M. Schulden für nur 630000 M. $3^1/_2$ %, für über 600000 M. hingegen 4 % und für fast 560000 M. sogar $4^1/_2$ % Zinsen. Limburg a. d. Lahn hat nur $3^1/_2$ %ige Anleihen, Oberlahnstein verzinst aber gleichfalls grössere Beträge mit 4 und $4^1/_2$ %. Bei den Städten unter 5000 Einwohnern wiegt, wie im Regierungsbezirk Kassel, gleichfalls der Zinsfuss von $3^3/_4$ % vor, zu welchem zusammen rund 2 Mill. M. angeliehen worden sind, während zum Zinsfusse von $3^1/_2$ % bis unter $3^3/_4$ nur ca. $1^1/_3$ Millionen vorhanden sind. Mit 4 % werden über eine halbe Million gegenüber rund 380000 M. im Regierungsbezirk Kassel von diesen Städten verzinst. Es wäre angebracht gewesen, diesen hohen Zinssatz während der günstigen Lage des Geldmarktes in den letzten Jahren herabzudrücken. Die gegenwärtige Zeit ist für derartige Bestrebungen nicht günstig.

Tilgung.

Das über die Tilgung der städtischen Anleihen eingezogene Material ist nicht ganz zuverlässig. Aber nicht unerwähnt soll bleiben, dass merkwürdigerweise verschiedene Anleihen aufgenommen worden sind, die überhaupt nicht getilgt werden. Dass dieser Zustand ein unzulässiger ist, braucht wohl nicht besonders hervorgehoben zu werden. In der Regel werden die ersparten Zinsen zur verstärkten Tilgung mit verwendet, aber nicht überall.

Darlehnsgeber.

Schliesslich sei es mir noch erlaubt, einiges vorzubringen über die Darlehnsgeber.

a) Regierungsbezirk Kassel.

Von den $30\frac{1}{2}$ Millionen Mark seitens der Städte des Regierungsbezirks Kassel aufgenommenen Anleihen sind über $18\frac{3}{4}$ Millionen Mark, also 61,4%, durch Begebung von Kommunalobligationen beschafft worden, über $4\frac{1}{3}$ Millionen Mark = 14,2% haben Alters- und Invaliditäts-Versicherungsanstalten hergegeben, fast 4 Millionen Mark oder 12,9% Sparkassen, fast $2\frac{1}{3}$ Millionen Mark = 7,6% Private. Nur gering sind die seitens der Landeskreditkasse in Kassel und der hessischen Brandversicherungs-Anstalt in Kassel dargeliehenen Beträge, die sich zwischen $\frac{1}{4}$ und $\frac{1}{3}$ Millionen Mark bewegen.

Bei der Ausgabe von Inhaber-Obligationen sind fast durchgehend $3\frac{1}{2}$ %ige Obligationen begeben worden, nur einen Posten von 381600 M. hat die Stadt Hanau mit 4% zu verzinsen.

Die von Alters- und Invaliditäts-Versicherungsanstalten hergegebenen Gelder werden ausschliesslich mit $3\frac{1}{2}$ % verzinst.

Von den bei Sparkassen entliehenen Summen sind 2,8 Millionen Mark von den eigenen Sparkassen der betreffenden Städte geborgt worden; 1,1 Millionen Mark bei fremden städtischen oder Kreissparkassen. Von der Gesamtsumme der Sparkassenguthaben werden verzinst

244930 M.	zu $2\frac{3}{4}$ %	850924 M.	„ $3\frac{3}{4}$ %
15980 „	„ 3 %	218200 „	„ 4 %
34895 „	„ $3\frac{1}{4}$ %	6089 „	„ $4\frac{1}{2}$ %
2579110 „	„ $3\frac{1}{2}$ %		

Bei Privaten hat namentlich die Stadt Marburg Gelder geliehen. Auch den Privaten zahlen die Städte in der Hauptsache nur $3\frac{1}{2}$ % Zinsen, einige Posten von je ca. $\frac{1}{4}$ Millionen Mark werden aber auch zu $3\frac{3}{4}$ bezw. 4% verzinst. Dass Fulda das für den Ankauf des Schlosses benötigte Kapital nur mit 3% verzinst, ist exceptionell.

Die Landeskreditkasse in Kassel fordert in der Regel eine Verzinsung von $3\frac{9}{10}$ %, sie lässt aber auch mit sich handeln und geht in einzelnen Fällen unter diesen Satz, in einigen allerdings auch darüber.

Andere Darlehnsgeber kommen wegen der Geringfügigkeit der dargeliehenen Summen nicht in Betracht, erwähnt sei nur noch, dass eine

Stadt bei der Feuerversicherungsbank für Deutschland zu Gotha einen Betrag von 279400 M. zu dem hohen Zinsfusse von 4/$^0_0$ erborgt hat.

b) Regierungsbezirk Wiesbaden.

Auch im Regierungsbezirk Wiesbaden ist der grösste Teil der Städteschulden auf Kommunalobligationen erborgt, nämlich fast 73$^1/_2$ Millionen Mark = 79,9$^0/_0$ von fast 92 Millionen Mark. Die Kommunal-Obligationen weisen auch hier fast durchgehend eine 3$^1/_2$ $^0/_0$ige Verzinsung auf, nur Ems zahlt 4$^0/_0$ für einen Posten von rund 350000 M.

Die zweitstärkste Geldquelle ist hier der Reichsinvalidenfonds in Berlin. Im Regierungsbezirk Kassel ist der Reichsinvalidenfonds nur in der Stadt Orb vertreten, der er ein Kapital von 90000 M. zu 4$^0/_0$ geliehen hat. Im Regierungsbezirk Wiesbaden ist vornehmlich Frankfurt a. M. mit fast 5$^3/_4$ Millionen Mark zu 4$^0/_0$ zu erwähnen. In einzelnen Fällen müssen die Städte dem Reichsinvalidenfonds sogar 4$^1/_2$ $^0/_0$ Zinsen entrichten.

Weniger treten hier, namentlich relativ, die bei Alters- und Invaliditäts-Versicherungsanstalten erlangten Anleihen hervor. Sie betragen mit rund 3,7 Millionen Mark 4$^0/_0$ der Gesamtanleihen der Städte des Bezirks. Abgesehen von einer ganz geringfügigen Ausnahme erfolgt die Verzinsung zu 3$^1/_2$ $^0/_0$.

Gänzlich fehlen die Anleihen bei Sparkassen. Es liegt dies daran, dass im Regierungsbezirk kommunale Sparkassen nicht vorhanden sind.

Die Aktiengesellschaft für Boden- und Kommunalkredit in Elsass-Lothringen zu Strassburg ist mit Darlehen in Höhe von fast 2 Millionen Mark beteiligt. In der Hauptsache begnügt sie sich mit 3$^1/_2$ $^0/_0$ Zinsen, verschmäht aber auch nicht, 3$^3/_4$, 4, ja sogar 4$^1/_2$ $^0/_0$ zu nehmen. Auch die nassauische Landesbank in Wiesbaden ist mit einer fast gleich hohen Summe beteiligt, sie fordert indessen in der Regel 3$^3/_4$ $^0/_0$, in einzelnen Fällen noch mehr.

Die landgräflich hessische konzessionierte Landesbank in Homburg hat über 1 Million Mark an die Stadt Homburg abgegeben, davon 537000 M. zu 4$^0/_0$ und rund 558000 M. zu 4$^1/_2$ $^0/_0$.

Die Ausgabe von Papieren, welche eine Zahlungsverpflichtung an jeden Inhaber enthalten, ist nach dem Gesetz vom 17. Juni 1833 nur zulässig, wenn die Genehmigung zur Ausstellung auf den Antrag der Minister für den Handel und für die Finanzen durch ein landesherrliches Privilegium erteilt worden ist.

Die Genehmigung zur Ausgabe derartiger Inhaberpapiere auch für Kommunal-Obligationen haben eine ganze Anzahl deutscher Hypothekenbanken, doch werden sie wenig Gebrauch davon machen, denn die grossen

Städte lassen sich das Privileg selbst erteilen und bei den verhältnismässig geringen Anleihebeträgen der mittleren und kleineren Städte lohnt sich die Sache für die Banken nicht, weil die Städte keine hohen Zinsen zahlen wollen und somit der Verdienst nur gering ist; für die Städte nicht, weil Druck und Stempel für die Papiere, Verdienst der Emissionshäuser und die Umständlichkeit des Verzinsungs- und Tilgungsdienstes erhebliche Kosten verursachen.

Im grossen und ganzen kann man das Kreditwesen der Städte unserer Provinz als ein gesundes bezeichnen. Sollten einige Abnormitäten infolge dieser heutigen Besprechung beseitigt werden, so wäre der Zweck dieses Vortrages mehr als erfüllt. Denn eigentlich ist meinerseits nur beabsichtigt gewesen, Ihnen, m. H., eine Übersicht über die hier behandelte Materie zu geben. Wenn nun auch die Beschäftigung mit derselben in hohem Grade interessant ist, so ist sie doch — der vielen Zahlen wegen — sehr spröde als Vortragsstoff. Aus diesem Grunde bitte ich um Ihre gütige Nachsicht in der Beurteilung meiner Ausführungen.

b) Tabellen.

Tab. 1. **Beteiligung der einzelnen Städteklassen an den Stadtanleihen.**

Städteklassen*)	Reg.-Bez. Kassel		Reg.-Bez. Wiesbaden		Provinz Hessen-Nassau	
	Betrag in M.	%	Betrag in M.	%	Betrag in M.	%
A. Städte mit mehr als 100000 Einwohnern . . .	—	—	66353353	54,2	66353353	54,2
B. Städte mit 50000—100000 Einwohnern . . .	16614056	13,6	14847920	12,1	31461976	25,7
C. Städte mit 20000 - 50000 Einwohnern . . .	4621927	3,8	—	—	4621927	3,8
D. Städte mit 10000—20000 Einwohnern . . .	5518389	4,5	2896327	2,4	8414716	6,9
E. Städte mit 5000—10000 Einwohnern	822229	0,7	3630736	2,9	4452965	3,6
F. Städte mit 2000—5000 Einwohnern	2057652	1,7	3726990	3,0	5784642	4,7
G. Städte mit weniger als 2000 Einwohnern . . .	923501	0,7	465252	0,4	1388753	1,1
Zusammen	30557754	25,0	91920578	75,0	122478332	100,0

*) Es gehören in die Städteklassen:

A. Frankfurt a. M.
B. Kassel bezw. Wiesbaden.
C. Hanau.
D. Marburg, Fulda, Eschwege bezw. Biebrich-Mosbach, Höchst.
E. Schmalkalden, Hersfeld bezw. Ems, Homburg v. d. H., Limburg a. Lahn, Oberlahnstein.
F. Allendorf, Frankenberg, Gelnhausen, Grebenstein, Hofgeismar, Grossalmerode, Homberg, Melsungen, Neustadt, Obernkirchen, Orb, Rinteln, Rotenburg, Schlüchtern, Steinau, Treysa, Wanfried, Witzenhausen, Wolfhagen bezw. Biedenkopf, Braubach, Camberg, Caub, Cronberg, Diez, Dillenburg, Eltville, Hadamar, Herborn, Hofheim, Idstein, Königsstein a. Taunus, Rödelheim, Rüdesheim a. Rh., Weilburg.
G. Amöneburg, Borken, Felsberg, Frankenau, Gemünden, Gersfeld, Gudensberg, Helmarshausen, Immenhausen, Karlshafen, Kirchhain, Lichtenau, Liebenau, Naumburg, Niedenstein, Neukirchen, Oldendorf, Rauschenberg, Rodenberg, Rosenthal, Sachsenhagen, Salmünster, Schweinsberg, Soden, Sontra, Tann, Trendelburg, Wächtersbach, Waldkappel, Wetter, Windecken, Zierenberg bezw. Friedrichsdorf, St. Goarshausen, Haiger, Nassau, Runkel, Usingen, Westerburg.

Tab. 2. **Betrag der Schulden auf den Kopf der Bevölkerung in den einzelnen Städteklassen.**

Bezeichnung.	Regierungsbezirk Cassel.				Regierungsbezirk Wiesbaden.				Provinz Hessen-Nassau.			
	Zahl der Städte	Einwohnerzahl	Betrag der Schulden M.	Pro Kopf der Bevölkerung M.	Zahl der Städte	Einwohnerzahl	Betrag der Schulden M.	Pro Kopf der Bevölkerung M.	Zahl der Städte	Einwohnerzahl	Betrag der Schulden M.	Pro Kopf der Bevölkerung M.
A. Städte mit mehr als 100000 Einw.	—	—	—	—	1	229299	66353353	289	1	229299	66353353	289
A. Städte mit 50000—100000 Einw.	1	81738	16614056	203	1	74122	14847920	200	2	155860	31461976	202
C. Städte mit 20000—50000 Einw.	1	27653	4621927	167	—	—	—	—	1	27653	4621927	167
D. Städte mit 10000—20000 Einw.	3	40875	5518389	135	2	23073	2896327	126	5	63948	8414716	132
E. Städte mit 5000—10000 Einw.	2	15283	822229	54	4	30061	3630736	121	6	45344	4452965	98
F. Städte mit 2000—5000 Einw.	[1]) 19	58629	2057652	35	[4]) 16	50392	3726990	74	35	109021	5784642	53
G. Städte mit weniger als 2000 Einw.	[2]) 32	40385	923501	23	[5]) 7	10848	465252	43	39	51233	1388753	27
Zusammen	[3]) 58	264563	30557754	116	[6]) 31	417795	91920578	220	89	682358	122478332	179

Es sind keine Angaben gemacht worden von Städten: [1]) 2, [2]) 4, [3]) 6, [4]) 7, [5]) 3, [6]) 9. Dieselben sind in der obigen „Zahl der Städte" nicht mit aufgeführt.

Einschliesslich Städte ohne Schulden: [1]) 2, [2]) 4, [3]) 6, [4]) 1, [6]) 1.

Tab. 3. **Zinsfuss der Schulden in**

Zinsfuss.	Gesamtbetrag der Schulden M.	Davon entfallen auf die Städte A. über 100000 Einwohner M.	B. 50000 bis 100000 Einw. M.	C. 20000 bis 50000 Einw. M.	D. 10000 bis 20000 Einw. M.
A. Reg.-Bezirk Kassel:					
2 bis unter 3%	364680	—	—	—	244930
3 bis unter 3½%	614437	—	—	—	364000
3½ bis unter 3¾%	27108289	—	16614056	4240327	3917168
3¾%	1149224	—	—	—	732112
4%	1302368	—	—	381600	260000
4½%	18756	—	—	—	179
	30557754	—	16614056	4621927	5518389
B. Reg.-Bezirk Wiesbaden:					
2 bis unter 3%	11863	—	—	—	—
3 bis unter 3½%	214430	—	—	—	—
3½ bis unter 3¾%	80044640	59263753	14719875	—	2816327
3¾%	2274730	—	128045	—	80000
4%	7272129	5724600	—	—	—
4½%	2083268	1365000	—	—	—
Unverzinslich	19518	—	—	—	—
	91920578	66353353	14847920	—	2896327
C. Provinz Hessen-Nassau:					
2 bis unter 3%	376543	—	—	—	244930
3 bis unter 3½%	828867	—	—	—	364000
3½ bis unter 3¾%	107152929	59263753	31333931	4240327	6733495
3¾%	3423954	—	128045	—	812112
4%	8574497	5724600	—	381600	260000
4½%	2102024	1365000	—	—	179
Unverzinslich	19518	—	—	—	—
	122478332	66353353	31461976	4621927	8414716

den einzelnen Städteklassen.

mit Einwohnern:			Entspricht % des Gesamtbetrags der Bezirke bezw. der Provinz:							
E. 5000—20000 Einwohner M.	F. 2000—5000 Einwohner M.	G. unter 2000 Einwohner M.	Zus.	A.	B.	C.	D.	E.	F.	G.
—	72400	47350	1,1	—	—	—	0,8	—	0,2	0,1
—	184562	65875	2,0	—	—	—	1,2	—	0,6	0,2
542829	1393055	400854	88,7	—	54,3	13,9	12,8	1,8	4,6	1,3
—	217133	199979	3,8	—	—	—	2,4	—	0,7	0,7
279400	182362	199006	4,3	—	—	1,3	0,9	0,9	0,6	0,6
—	8140	10437	0,1	—	—	—	0,0	—	0,0	0,1
822229	2057652	923501	100,0	—	54,3	15,2	18,1	2,7	6,7	3,0
—	8957	2906	0,0	—	—	—	—	—	0,0	0,0
—	213857	573	0,2	—	—	—	—	—	0,2	0,0
1881793	1273595	89297	87,1	64,5	16,0	—	3,1	2,0	1,4	0,1
49482	1700105	317098	2,5	—	0,1	—	0,1	0,1	1,9	0,3
1012850	492819	41860	7,9	6,2	—	—	—	1,0	0,6	0,1
686611	31657	—	2,3	1,5	—	—	—	0,8	0,0	—
—	6000	13518	0,0	—	—	—	—	—	0,0	0,0
3630736	3726990	465252	100,0	72,2	16,1	—	3,2	3,9	4,1	0,5
—	81357	50256	0,3	—	—	—	0,2	—	0,1	0,0
—	398419	66448	0,6	—	—	—	0,3	—	0,3	0,0
2424622	2666650	490151	87,6	48,4	25,6	3,5	5,5	2,0	2,2	0,4
49482	1917238	517077	2,8	—	0,1	—	0,7	0,0	1,6	0,4
1292250	675181	240866	7,0	4,7	—	0,3	0,2	1,1	0,5	0,2
686611	39797	10437	1,7	1,1	—	—	0,0	0,6	0,0	0,0
—	6000	13518	0,0	—	—	—	—	—	0,0	0,0
4452965	5784642	1388753	100,0	54,2	25,7	3,8	6,9	3,7	4,7	1,0

Tab. 4. **Übersicht der**

Anleihen.	Gesamtbetrag M.	Macht %
A. Regierungsbezirk Kassel.		
1. Bei eigenen Kassen der Stadt ausschl. Sparkassen .	158797	0,5
2. Bei Sparkassen:		
a) bei eigenen städtischen	2846357	9,3
b) bei anderen	1103771	3,6
3. Bei der Landeskreditkasse in Kassel	319401	1,1
4. Bei der hessischen Brandversicherungsanstalt in Kassel	280156	0,9
5. Bei Alters- und Invaliditäts-Versicherungsanstalten	4331253	14,2
6. Bei sonstigen Anstalten	433133	1,4
7. Bei Privaten	2329000	7,6
8. Durch Inhaber-Obligationen	18755886	61,4
Zusammen	30557754	100,0
Prozent .	—	—
B. Regierungsbezirk Wiesbaden.		
1. Bei eigenen Kassen der Stadt ausschl. Sparkassen	87868	0,1
2. Bei Sparkassen:		
a) bei eigenen städtischen	—	—
b) bei anderen *)	—	—
3. Bei der Nassauischen Landesbank in Wiesbaden .	1938342	2,1
4. Bei der landgräfl. hess. konzess. Landesbank in Homburg	1095011	1,2
5. Bei der kommunalständischen Hilfskasse in Wiesbaden	11663	0,0
6. Beim Reichsinvalidenfonds	6117600	6,7
7. Bei Alters- und Invaliditäts-Versicherungsanstalten	3688457	4,0
8. Bei der Aktien-Gesellschaft für Boden- und Kommunalkredit in Elsass-Lothringen zu Strassburg	1990605	2,2
9. Bei sonstigen Anstalten	3255255	3,5
10. Bei Privaten	282077	0,3
11. Durch Inhaber-Obligationen	73453700	79,9
Zusammen	91920578	100,0
Prozent .	—	—

*) Ein bei der unter der Firma „Frankfurter Sparkasse“ in Frankfurt a. M. bestehen-Betrage von 2 Mill. M. ist unter Ziffer 9 aufgeführt.

Darlehnsgeber.

Davon werden verzinst zu:						
2 bis unter 3 % M.	3 bis unter 3½ % M.	3½ bis unter 3¾ % M.	3¾ % M.	4 % M.	4½ % M.	0 % M.
—	—	94827	48300	15670	—	—
—	34895	1921786	686433	197154	6089	—
244930	15980	657324	164491	21046	—	—
—	81419	222395	—	2920	12667	—
119750	98000	62406	—	—	—	—
—	—	4331253	—	—	—	—
—	5143	4012	—	423978	—	—
—	379000	1440000	250000	260000	—	—
—	—	18374286	—	381600	—	—
364680	614437	27108289	1149224	1302368	18756	—
1,1	2,0	88,7	3,8	4,3	0,1	0,0
—	—	—	—	74750	—	13118
—	—	—	—	—	—	—
—	—	—	—	—	—	—
600	573	—	1913712	15058	8399	—
—	—	—	—	537000	558011	—
11263	—	—	—	—	—	400
—	—	/ —	—	5989000	128600	—
—	—	3662683	25774	—	—	—
—	—	1534120	272655	160572	23258	—
—	213857	1592969	22780	54649	1365000	6000
—	—	153068	39809	89200	—	—
—	—	73101800	—	351900	—	—
11863	214430	80044640	2274730	7272129	2083268	19518
0,0	0,2	87,1	2,5	7,9	2,3	0,0

den Vereinssparkasse der Polytechnischen Gesellschaft aufgenommenes Darlehen im derzeitigen

V.

Rede des Abg. Miquel über die Organisation des kommunalen Anleihemarktes

in der Reichstags-Sitzung vom 2. Mai 1873 (Stenogr. Ber. S. 441.)

(vgl. oben S. 53. 65.)

Bei Beratung des Gesetzes über den Reichs-Invalidenfonds beantragte der Abg. v. Benda, den anlagefähigen Papieren die Kommunalobligationen hinzuzufügen (was auch als Ziffer 4 im § 2 des geltenden Gesetzes vom 23. Mai 1873 geschehen ist). Gelegentlich dieses Vorschlages äusserte sich der damalige Abg. Miquel über die Zustände auf dem kommunalen Anleihemarkt im allgemeinen. Die oben (S. 53. 65) in Bezug genommene Stelle lautet im Zusammenhang:

„Was nun aber die Kommunen betrifft, m. H., so gestatten Sie mir, Ihnen ein Bild der jetzigen Lage des Kommunalwesens zu entwerfen. Ich glaube, kein so fortgeschrittenes Land hat eine so jämmerliche und erbärmliche Organisation des Kommunalkredits als Deutschland. Die belgischen Städte haben sich zusammengethan, weil sie sich sagten, das einzelne Papier einer einzelnen belgischen Gemeinde kann keinen grossen Markt gewinnen; es hängt die Unterbringung rein von Zufälligkeiten ab, rein von lokalen Verhältnissen, und so haben sie den Crédit communal belgique gegründet; d. h. sie gaben einheitliche Kommunal-Obligationen heraus, indem sie die Sicherheiten der einzelnen Gemeinde in einer gemeinschaftlichen Schranke als Unterpfand legten. Wir in Deutschland wissen davon nichts. Bei uns muss die arme Stadt bei der armen Stadt anleihen, der arme Kreis bei dem armen Kreis. Man hat Berlin angeführt. M. H., Berlin braucht den Invalidenfonds nicht. Die Obligationen der Stadt Berlin haben einen bestimmten Kurs und sind in jeder Zeit in beliebigen Summen begebbar. Berlin braucht nicht zu antichambrieren. Der Herr Abgeordnete Richter irrt sich hier. Vielleicht würde die Verwaltung des Invalidenfonds respektive bei der Stadt Berlin antichambrieren, um eine solche gute Anleihe für den Invalidenfonds zu bekommen. Aber m. H., eine grosse Anzahl anderer kleiner Gemeinden und Kreise, selbst Provinzen sind nicht in der Lage, über ihre eigene Lokalität hinüber ihre Papiere abzusetzen, und da, sage ich allerdings, ist es eine ausserordentliche Wohlthat für die Entwickelung des ganzen Landes, wenn der Invalidenfonds in dieser Beziehung zu Hilfe kommt. Ich würde den Nebenzweck, den ich hier aufnehme, diese ausserordentliche Belebung der Selbstverwaltung nicht wollen, wenn damit sonstige Hauptprinzipien verletzt würden, die ich hier zu vertreten habe. Das kann ich aber in keiner Weise einräumen.

„Man hat nun eingeredet: wenn wir diese Kommunalanleihen kontrahieren, so würden wir den Invalidenfonds gar nicht wieder los, es würde zu schwierig sein, diese Papiere wieder zu veräussern. Sämtliche Kommunalanleihen, die mir bekannt, werden ordnungsmässig und ziemlich stark amortisiert. Sie werden amortisiert in Preussen zum Minimum mit 1 % und den anwachsenden Zinsen. Aber es ist schon mit Recht hervorgehoben, dass der Invalidenfonds ausserdem in der Lage ist, auch eine stärkere Amortisation zu erzwingen, dass er gerade in der Lage ist, die Amortisation durchschnittlich sich so zurecht zu legen, wie wahrscheinlich die Veräusserungsnotwendigkeit und Liquidierung der einzelnen Kapitalien an ihn herantritt; das ist also das natürlichste Verhältnis. M. H., wir haben hier mit Papieren zu thun, die unbedingt sicher sind. Denn ich kenne keine Kommunal-Obligationen, hinter denen die Steuerkraft der Kommune steht, die irgend eine Gefahr involvierte. Wir haben es zu thun mit Papieren, die an der Börse nicht begeben werden und nicht begeben werden können, die sich also für eine solche Depositalverwaltung, wie wir sie hier für den Invalidenfonds konstruieren wollen, vorzugsweise eignen. Wir haben es mit Effekten zu thun, die allmälig und sicher amortisiert werden, und endlich haben wir daneben der Entwickelung des Gemeinwesens einen ausserordentlichen Vorschub geleistet.“

VI.

Statuten der Kommunalbank des Königreichs Sachsen.

Begründet 1871. Statut von 1885.

(Vgl. oben S. 70.)

Firma, Zweck und Dauer der Gesellschaft.

§ 1. Die unter der Firma **Kommunalbank des Königreichs Sachsen** begründete Aktiengesellschaft hat den Zweck, Anleihegeschäfte mit Bezirksverbänden, Stadt-, Land-, Kirchen- und Schulgemeinden des Königreichs abzuschliessen.

§ 2. Die Gesellschaft hat ihren Sitz in Leipzig und geniesst die Rechte einer juristischen Person.

§ 3. Die Dauer der Gesellschaft ist auf eine bestimmte Zeit nicht beschränkt.

Aktienkapital.

§ 4. Das Stammkapital der Gesellschaft beträgt gegenwärtig 3000000 M. (1000000 Thaler) in 2000 Stück Aktien à 1500 M. (500 Thaler).

Die Aktien lauten auf den Inhaber.

Die Gesellschaft hat ihre Thätigkeit nach Einzahlung von 20 % des Grundkapitals eröffnet.

§ 5. Bei Ausgabe weiterer Aktien sind die Zeichner der Aktien für die Einzahlung des vollen Nominalbetrags verhaftet.

Die Einzahlung der Aktien erfolgt in Raten, von denen die erste nicht unter 25%, keine folgende unter 10 % des Nominalwertes zu betragen hat, nach Ermessen des Aufsichtsrates. Die Aufforderung dazu ist jedesmal durch dreimalige Bekanntmachung in den, von der Gesellschaft für ihre Veröffentlichungen benutzten Blättern zu bewirken (§ 38). Zwischen der ersten Bekanntmachung und dem Zahlungstermine muss eine mindestens vierwöchentliche Frist liegen.

§ 6. Ueber die Einzahlungen auf weitere Aktien werden Interimsscheine nach Formular A ausgegeben.

Nach bewirkter Vollzahlung sind die Interimsscheine gegen die wirklichen, nach Formular B ausgefertigten, mit Talon und mit auf 20 Jahre laufenden Coupons (Formular C und D) versehenen Aktiendokumente umzutauschen.

Vor Ausgabe der Aktiendokumente können Talons und Dividendencoupons zu den Interimsscheinen nach Formular E und F ausgegeben werden. Dieselben sind bei Umtausch der Interimsscheine gegen die Aktiendokumente ebenfalls gegen Talons und Dividendenscheine nach Formular C und D umzutauschen.

§ 7. Verzug in Entrichtung einer Einzahlungsrate zieht eine Konventionalstrafe von 10 % der in Rückstand gelassenen Einzahlung nach sich.

Wird die rückständige Einzahlung, welche nebst den 5%igen Zinsen seit dem Tage des Verzuges und der Konventionalstrafe dreimal binnen einer, frühestens drei Monate nach der ersten und frühestens vier Wochen nach der letzten Bekanntmachung endenden Frist unter Bezeichnung der betreffenden Interimsscheine einzurufen ist, innerhalb dieser Frist nicht geleistet, so werden die Inhaber dieser Interimsscheine aller Rechte aus den geleisteten Einzahlungen zu gunsten des Reservefonds der Gesellschaft verlustig. Die Androhung des vorbemerkten Rechtsverlustes ist in die Bekanntmachung aufzunehmen.

Die Interimsscheine werden unter Angabe der Nummern durch öffentliche Bekanntmachung für ungiltig erklärt. An der Haftverbindlichkeit der Aktienzeichner für die Einzahlung des Nominalbetrages der Aktien wird aber hierdurch nichts geändert.

Wirkungskreis der Gesellschaft.

§ 8. Die Gesellschaft ist befugt:

a) zur Erfüllung ihres nächsten Zweckes

1. Inhaberpapiere unter dem Namen „Anlehnsscheine der Kommunal-Bank des Königreichs Sachsen“ in demselben Betrage auszugeben, in welchem sie verzinsliche Darlehen an Bezirksverbände, Stadt-, Land-, Kirchen- oder Schulgemeinden des Königreichs Sachsen, sei es auf Grundlage eines bestimmten Tilgungsplanes oder gegen Kündigung gewährt,

2. die von Bezirksverbänden, Stadt-, Land-, Kirchen- oder Schulgemeinden des Königreichs Sachsen mit Genehmigung der verfassungsmässig zuständigen Aufsichtsbehörde emittierten und auf den Inhaber lautenden Schuldscheine käuflich zu erwerben und dagegen ebenfalls „Anlehnsscheine der Kommunal-Bank des Königreichs Sachsen“ in gleich hohem Nominalbetrage auszugeben;

b) zur Aushilfe bei dem sub a) bemerkten und hauptsächlichen Geschäftsbetriebe und insbesondere zur Nutzbarmachung verfügbarer Kassenbestände

3. Vorschüsse auf Wertpapiere, Metalle und dem leichten Verderb nicht unterworfene Waren — jedoch nicht für länger als drei Monate — zu geben,

4. Staatspapiere, börsengängige Anlehnsscheine anderer Gesellschaften und Metalle anzukaufen und zu verkaufen.

Beleihung und Ankauf ihrer eigenen Aktien ist der Gesellschaft nicht gestattet.

§ 9. Die Bedingungen der, mit den Bezirksverbänden und Gemeinden abzuschliessenden Anleihegeschäfte unterliegen in jedem einzelnen Falle der besonderen Vereinbarung und sind an die Genehmigung der verfassungsmässig zuständigen Aufsichtsbehörde des Schuldners gebunden.

Über jedes Anleihegeschäft ist von dem betreffenden Bezirksverbande oder von der betreffenden Gemeinde eine Schuldurkunde auszustellen.

§ 10. Die Anlehnsscheine werden, so lange die Direktion nicht mit Genehmigung der Staatsregierung eine Abänderung beschliesst, nach dem unter G angefügten Formulare ausgefertigt.

Der Zinsfuss der Anlehnsscheine wird von der Direktion (§ 27) bestimmt. Die Emission ist in Serien zu bewirken, welche im Zinsfuss und Tilgungsplan von einander abweichen können. Die Emission einer jeden Serie bedarf der Genehmigung der Staatsregierung.

Die Rückzahlung der Anlehnsscheine erfolgt mindestens in demselben Betrage, wie die Tilgung der bei der Kommunal-Bank aufgenommenen Anleihen und der (nach § 8a, 2) von ihr käuflich übernommenen Schuldscheine, und zwar nach Wahl der Direktion entweder im Wege der Auslosung oder des Rückkaufs.

Die Auslosung und die Vernichtung der, zur Tilgung bestimmten Anlehnsscheine ist durch notariellen Akt festzustellen.

Die Nummern ausgelooster Anlehnsscheine sind dreimal, das erste Mal wenigstens vier Wochen vor dem Rückzahlungstermine zu veröffentlichen.

§ 11. Eine jede von der Kommunal-Bank nach § 1 zu erwerbende Forderung an einen Bezirksverband oder an eine Gemeinde, und ebenso jeder von der Bank nach § 8 käuflich erworbene Schuldschein wird durch Übergabe der über das betreffende Anleihegeschäft ausgestellten Schuldurkunde, bezw. der käuflich übernommenen Schuldscheine und einer, nach den unter H und bezw. unter J angefügten Formularen ausgefertigten schriftlichen Verpfändungserklärung der Bank an eine mit Genehmigung der Staatsregierung zu bestimmende Behörde den Inhabern der von der Bank ausgegebenen oder später noch auszugebenden Anlehnsscheine verpfändet. Zur Erhebung oder Einklagung der verpfändeten Forderungen der Bank sind jedoch Inhaber von Anlehnsscheinen nur in dem Falle befugt, wenn die Rückzahlung oder Verzinsung der letzteren von seiten der Bank zur festgesetzten Zeit nicht erfolgt. So lange nicht der Verzug der Bank gerichtlich oder notariell festgestellt und der ihr verpflichtete Bezirksverband bezw. die ihr verpflichtete Gemeinde hiervon benachrichtigt ist, erfolgt die Erhebung der betreffenden Forderung durch die Bank.

Die durch jedes einzelne Anleihegeschäft mit einem Bezirksverbande oder einer Gemeinde erworbene Forderung bezw. die käuflich erworbenen Schuldscheine müssen in der bezeichneten Weise verpfändet sein, bevor die ihrem Betrage entsprechende Anzahl Anlehnsscheine ausgegeben werden darf.

Von der Verwaltung.

§ 12. Die Angelegenheiten der Gesellschaft werden durch die Generalversammlung, den Aufsichtsrat und die Direktion wahrgenommen.

§ 13. Die Generalversammlung der Aktionäre findet in Leipzig, regelmässig spätestens im März jeden Jahres, ausserordentlicherweise auf Beschluss des Aufsichtsrates oder auf Antrag von Aktionären, welche mindestens den zwanzigsten Teil des Gesellschaftskapitals vertreten, statt.

Die Einladung dazu ist vom Aufsichtsrat — soweit nicht nach dem

Gesetze ausschliesslich andere Personen dazu befugt sind — und unter Angabe des Zweckes der Generalversammlung zweimal zu veröffentlichen, dergestalt, dass zwischen der zweiten Bekanntmachung und dem Tage der Versammlung mindestens 14 Tage inne liegen.

§ 14. In der Generalversammlung führt der Vorsitzende, bei dessen Behinderung ein anderes, vom Aufsichtsrate zu wählendes Mitglied desselben den Vorsitz.

§ 15. Zur Teilnahme an der Generalversammlung sind alle diejenigen berechtigt, welche sich als Aktionäre durch den Besitz von Aktien, beziehentlich Interimsscheinen der Gesellschaft, oder durch Depositenscheine, in welchen von Behörden die Hinterlegung von Aktien oder Interimsscheinen mit Angabe der Nummern derselben bescheinigt wird, bei dem Eintritt in die Generalversammlung ausweisen.

Je eine Aktie (beziehentlich Interimsschein) giebt eine Stimme.

Die Abstimmungen erfolgen — wenn die Generalversammlung nicht anders beschliesst — durch bei dem Eintritt in die Versammlung auszuhändigende, die Zahl der vertretenen Aktien enthaltende Stimmkarten.

§ 16. In der ordentlichen Generalversammlung kommen regelmässig zur Erledigung:

1. Der Geschäftsbericht und Rechnungsabschluss für das vergangene Kalenderjahr;
2. Bestimmung der Dividende und des Reservefondsbeitrags;
3. Neuwahl des Aufsichtsrates.

Ausserdem gehören zur Kompetenz der Generalversammlung die Beschlüsse über

4. Abänderung der Statuten, insbesondere Erhöhung des Aktienkapitals,
5. Auflösung der Gesellschaft,
6. Anträge des Aufsichtsrates oder einzelner Aktionäre, — dafern dieselben gemäss Artikel 237, 238 des Reichsgesetzes vom 18. Juli 1884, betr. die Kommanditgesellschaften auf Aktien und die Aktiengesellschaften, rechtzeitig eingebracht worden sind.

§ 17. Die Beschlussfassung der Generalversammlung erfolgt bei Wahlen mit relativer, in allen übrigen Fällen aber mit absoluter Mehrheit; nur bei Beschlüssen über Änderung des Gegenstandes des Unternehmens und über Auflösung der Gesellschaft bedarf es einer Mehrheit von $^3/_4$ des in der Generalversammlung vertretenen Aktienkapitals. Bei Gleichheit der Stimmen entscheidet die Stimme des Vorsitzenden, bei Wahlen das Los.

§ 18. Die Beschlussfähigkeit der Generalversammlung ist von der

Anwesenheit einer bestimmten Anzahl Aktionäre oder dem Vertretensein einer bestimmten Anzahl Aktien nicht abhängig.

Nur wenn es sich um Ausdehnung der Zwecke oder des Wirkungskreises der Gesellschaft, Erhöhung des Gesellschaftskapitals oder sonstige Statutenänderungen oder um Auflösung der Gesellschaft im Wege der Liquidation oder der Vereinigung mit einer anderen Aktiengesellschaft handelt, ist zur Giltigkeit der gefassten Beschlüsse das Vertretensein von mindestens der Hälfte der Aktien erforderlich.

Kommt eine in diesem Sinne beschlussfähige Generalversammlung nicht zu stande, so ist eine zweite Generalversammlung einzuberufen, in welcher ohne Rücksicht auf die Zahl der vertretenen Aktien Beschlüsse der angegebenen Art gefasst werden können. Hierauf ist in der Einladung aufmerksam zu machen.

§ 19. Der Aufsichtsrat besteht aus fünf, in Leipzig selbst oder im Umkreise von höchstens 2 Stunden wohnhaften Personen.

§ 20. Jedes Mitglied des Aufsichtsrates hat kautionsweise 2 Gesellschaftsaktien bei der Direktion für die, 5 Jahre betragende Dauer seiner Mitgliedschaft zu deponieren.

§ 21. Der Aufsichtsrat wird von der Generalversammlung erwählt, dergestalt, dass von den Gewählten jährlich am 31. März ein Mitglied nach der Bestimmung des Loses ausscheidet.

Der Ausscheidende ist wieder wählbar.

§ 22. Zur Wählbarkeit ist Dispositionsfähigkeit erforderlich.

§ 23. Jedes Mitglied des Aufsichtsrates kann, ohne Genehmigung des letzteren, sein Amt nur nach vorgängiger dreimonatlicher Kündigung niederlegen.

Ausserdem kann ein Mitglied durch übereinstimmenden Beschluss der übrigen Mitglieder seiner Funktion enthoben werden, wenn es sich eines, mit der Ehre oder den Interessen der Gesellschaft nicht vereinbaren Verhaltens schuldig macht.

§ 24. Der Aufsichtsrat erwählt alljährlich für die Zeit vom 1. April bis zum 31. März des künftigen Jahres aus seiner Mitte einen Vorsitzenden und einen Stellvertreter desselben.

Der Vorsitzende hat die im Namen des Aufsichtsrates abzugebenden Erklärungen zu bewerkstelligen, bezw. zu unterzeichnen.

Bei Behinderung des Vorsitzenden und seines Stellvertreters führt ein anderes, in jedem einzelnen Falle zu erwählendes Mitglied des Aufsichtsrates den Vorsitz.

Der Aufsichtsrat versammelt sich vierteljährlich wenigstens einmal. Über die Verhandlung ist ein von dem Vorsitzenden und zwei Mitgliedern zu unterzeichnendes Protokoll aufzunehmen.

Zur Beschlussfähigkeit ist die Anwesenheit von drei Mitgliedern notwendig.

Bei Stimmengleichheit entscheidet die Stimme des Vorsitzenden.

Die Namen der Mitglieder des Aufsichtsrates und die erfolgte Wahl des Vorsitzenden und seines Stellvertreters sind wenigstens zweimal bekannt zu machen. Diese Bekanntmachung vertritt die Stelle der Legitimation.

§ 25. Der Aufsichtsrat ist befugt:

a) den Geschäftsbetrieb durch Regulative festzustellen und fortwährend zu überwachen;

b) die Bilanz zur Vorlage an die Generalversammlung zu prüfen und festzustellen;

c) die Direktion und das sonstige Personal anzustellen, zu suspendieren und zu entlassen, auch die Gesellschaft der Direktion gegenüber zu vertreten. Soweit hierbei Eidesleistungen für die Gesellschaft nötig werden, haben dieselben durch den Vorsitzenden des Aufsichtsrates oder dessen Stellvertreter zu erfolgen.

§ 26. Die Mitglieder des Aufsichtsrates erhalten keine Besoldung; jedoch wird ihnen Ersatz der durch ihre Funktionen herbeigeführten Auslagen gewährt.

§ 27. Zu Ausführung der Geschäfte und Vertretung der Gesellschaft nach aussen wird eine aus drei Personen bestehende Direktion ernannt, welche den Vorstand der Gesellschaft bildet.

Die Namen der Direktoren sind von dem Aufsichtsrate wenigstens zweimal öffentlich bekannt zu machen. Diese Bekanntmachung vertritt die Stelle der Legitimation.

§ 28. Zu den, im vorigen Paragraphen bezeichneten Funktionen ist Dispositionsfähigkeit erforderlich.

§ 29. Erklärungen, welche die Gesellschaft verpflichten, insbesondere auch Vollmachten, bedürfen zu ihrer Giltigkeit der gemeinschaftlichen Unterschrift von zwei der zur Zeichnung der Firma der Kommunalbank berechtigten Personen.

Eide sind von der Direktion zu leisten.

§ 30. Die Direktion führt die Geschäfte der Gesellschaft, wobei sie an die etwaigen Anordnungen des Aufsichtsrates gebunden ist, verfasst den Geschäftsbericht und die Bilanz und legt vierteljährlich dem Aufsichtsrate eine Übersicht des Geschäftsumsatzes vor.

§ 31. Jedes Direktionsmitglied hat für die Dauer seiner Funktion fünf Aktien der Gesellschaft kautionsweise bei dem Aufsichtsrate zu hinterlegen.

§ 32. Auf Antrag der Direktion hat jederzeit die Einberufung einer ausserordentlichen Sitzung des Aufsichtsrathes stattzufinden.

Rechnungsabschluss.

§ 33. Das Geschäftsjahr der Gesellschaft ist das Kalenderjahr. Ausser der Bilanz ist halbjährlich eine summarische Geschäftsübersicht zu veröffentlichen.

§ 34. Die nach § 38 zu veröffentlichende Bilanz wird, gemäss Art. 239, 239a, 239b des Reichsgesetzes vom 18. Juli 1884, nach streng kaufmännischen Grundsätzen — mit Ausscheidung der für eingetretene und wahrscheinliche Verluste abzusetzenden Summen — gezogen.

Von dem, nach diesen Grundsätzen ermittelten Reingewinne werden 5 % — oder auf Vorschlag des Aufsichtsrates durch Beschluss der Generalversammlung auch eine höhere Summe — zu dem nach Art. 185b des Reichsgesetzes vom 18. Juli 1884 zu bildenden Reservefonds abgegeben.

Von dem alsdann verbleibenden Überschuss erhalten die Aktionäre eine ordentliche Dividende von 4 % des eingezahlten Aktienkapitales.

Was hiernach an Reingewinn übrig bleibt, wird folgendergestalt verteilt.

a) 10 % werden zu dem bereits bestehenden, in § 36 erwähnten Reservefonds der Anlehnscheininhaber abgegeben;

b) 5 % erhalten die Mitglieder des Aufsichtsrates als Tantième;

c) 10 % werden dem Aufsichtsrate als Tantième für die Direktion, als Gratifikation an das Personal der Bank und zur Dotierung des für die Angestellten der Bank, bezw. deren Witwen und Waisen zu begründenden Pensionsfonds zur Verfügung gestellt. Falls diese Quote von 10 % in einem einzelnen Jahre nicht voll zur Verfügung kommt, bleibt der Rest zu gleichem Zwecke für spätere Jahre zur Verfügung des Aufsichtsrates;

d) 75 % werden unter angemessener Abrundung der Summe an die Aktionäre als Superdividende zugleich mit der ordentlichen Dividende ausgezahlt.

§ 34a. Der Pensionsfonds, dessen Verwendung und Einrichtung der Aufsichtsrat durch ein Regulativ zu ordnen hat, wird von der Bank jährlich mit 4 %, oder nach Ermessen des Aufsichtsrates mit 5 % verzinst.

§ 35. Die zur Verteilung gelangende Dividende ist öffentlich bekannt zu machen und wird am 1. April jeden Jahres ausgezahlt.

Dividenden, welche innerhalb 3 Jahren nach ihrem Fälligkeitstermine nicht erhoben sind, verfallen zu gunsten der Gesellschaft.

§ 36. Zu Deckung der Verluste, welche möglicherweise den Inhabern der Anlehensscheine durch eine nicht, oder nicht pünktlich erfolgende Rückzahlung oder Verzinsung dieser Scheine entstehen könnten, dient ein besonderer Reservefonds (in der Bilanz mit B zu bezeichnen).

Mit dessen Ansammlung ist fortzufahren, bis dessen Bestand ein Viertel des Nominalgrundkapitales der Gesellschaft erreicht hat. Sollte aber dieses Viertel weniger betragen, als den zehnten Teil des Nominalbetrags der umlaufenden Anlehnsscheine, so ist der Reservefonds erst dann zu schliessen, wenn er die Höhe dieses Zehnteils erreicht hat, und bei steigender Umlaufssumme der Anlehnsscheine in gleichem Masse wieder gemäss § 34 aus den Reinerträgnissen der Gesellschaft zu erhöhen.

Dieser Reservefonds ist von der Direktion in Anleihescheinen des Deutschen Reichs oder des Königreichs Sachsen anzulegen und an die nach § 11 von der Staatsregierung zu bezeichnende Behörde in Pfandbesitz zu gunsten der Inhaber der Kommunalbankanlehnsscheine auszuliefern.

Die Zinsen des Fonds wachsen seinem Bestande so lange zu, bis derselbe seinen eben bestimmten Maximalbetrag erreicht hat. Nach diesem Zeitpunkte fliessen sie in die Gesellschaftskasse.

Bei etwaiger Auflösung der Gesellschaft fällt der Reservefonds den Aktionären zu, soweit er nicht zur Deckung der im Eingang dieses Paragraphen erwähnten Verluste verwendet worden ist.

§ 37. Wird das Grundkapital durch eingetretene Verluste angegriffen, so ist dasselbe, bevor irgend eine Dividendenverteilung stattfinden kann, aus den Geschäftserträgnissen wieder auf den ursprünglichen Betrag zu ergänzen.

Bekanntmachungen.

§ 38. Die Veröffentlichungen der Gesellschaft erfolgen durch den Aufsichtsrat, soweit nicht das Allgemeine Deutsche Handelsgesetzbuch ausschliesslich andere Personen für hierzu berechtigt oder verpflichtet erklärt, und gelten als rechtsverbindlich erlassen, wenn sie in dem Deutschen Reichsanzeiger und in der Leipziger Zeitung, eine jede mindestens zweimal — soweit diese Statuten nicht eine öftere Bekanntmachung vorschreiben — eingerückt worden sind, werden aber ausserdem in mindestens noch einer Zeitung veröffentlicht werden.

Auflösung der Gesellschaft.

§ 39. Die Auflösung der Gesellschaft erfolgt nach den Bestimmungen des Allgemeinen Deutschen Handelsgesetzbuches, bezw. des Reichsgesetzes vom 18. Juli 1884, betr. die Kommanditgesellschaften auf Aktien und die Aktiengesellschaften.

Verhältnis zur Staatsregierung.

§ 40. Der Staatsregierung bleibt vorbehalten, durch einen von ihr zu bestellenden Kommissar von dem Stande und den Geschäften der Kommunalbank Kenntnis zu nehmen und über die Beobachtung der Statuten in denjenigen Richtungen, welche das Interesse der Inhaber von Anlehnsscheinen berühren, Aufsicht zu führen.

Der durch Ausübung dieser Staatsaufsicht entstehende Aufwand ist der Staatskasse aus der Kommunalbank zu vergüten.

VII.

Präsenzliste.

* = Vertreter der Stadtgemeinde.

Barmen.	Weggen, Stadtkämmerer.*
Berlin.	Dr. Hoffmann, Rechtsanwalt und kgl. Notar.
„	Weigert, Fabrikbesitzer.
Bernburg.	Leineveber, I. Bürgermeister.*
Beuthen.	Dr. Brünning, Oberbürgermeister.*
Biebrich a. Rh.	Vogt, I. Bürgermeister.*
Bielefeld.	Dr. Stapenhorst, I. Bürgermeister.*
Bochum i. W.	Graff, Bürgermeister.*
„	Bluth, Stadtbaurat.*
Breslau.	Körte, Stadtrat und Kämmerer.*
Brieg.	Peppel, I. Bürgermeister.*
(C. siehe K.)	
Charlottenburg.	Schustehrus, I. Bürgermeister.*
„	Dr. Jastrow.
Darmstadt.	Morneweg, Oberbürgermeister.*
Dessau.	Ebeling, Oberbürgermeister.*
Düren.	Fänsen, Beigeordneter und Reg.-Baumeister.*
Elberfeld.	Lütje, Beigeordneter.*
Fürth.	Beeg, Rechtsrat.*
Fulda.	Dr. Antoni, Oberbürgermeister.*
„	Goebel, Stadtverordneter.*
Gera.	v. Wurmb, Dr. jur., stellv. Oberbürgermeister.*
Glauchau.	Brink, Bürgermeister.*
„	Greim, Stadtverordneter.*
„	Pflugk, Stadtverordneter.*
Göttingen.	Calsow, Bürgermeister.*
Greiz.	Rösler, Bürgermeister.*

Halle a. S.	Staude, Oberbürgermeister.*
"	v. Holly, Bürgermeister.*
Hameln.	Meyer, Bürgermeister.*
"	Junge, Senator.*
Hanau.	Dr. Gebeschus, Oberbürgermeister.*
"	Eisenach, Sanitäts- und Stadtrat.*
"	Hoffmann, Stadtverordneter.*
Hannover.	Fink, Senator.*
Hersfeld.	Strauss, Bürgermeister.*
Hörde.	Evers, Bürgermeister.*
"	Mathesius, Stadtverordneter.*
Kannstatt.	Bürkle, Stadtpfleger.*
"	Mehl, Ratsschreiber.*
Karlsruhe i. B.	Böckh, Rechtsanwalt und Stadtrat.*
"	Dürr, Komm.-Rat und Stadtrat.*
"	Homburger, Bankier und Stadtrat.*
Kassel.	Eissengarthen, Stadtrat.*
"	Bödicker, Stadtkassenrat.*
Kattowitz.	Quehl, Stadtrat.*
Kiel.	Fuss, Oberbürgermeister.*
Kolmar Els.	Burger, Generalsekr. des Bürgermeisteramts.*
Königsberg i. Pr.	Schaff, Stadtrat und Kämmerer.*
Königshütte.	Stolle, I. Bürgermeister.*
Krefeld.	Dr. Oppermann, beigeord. Bürgermeister.*
Krimmitschau.	Beckmann, Bürgermeister.*
Landsberg a. W.	Lehmann, Bürgermeister.*
Landshut.	Marschall, rechtsk. Bürgermeister.*
Ludwigshafen a. Rh.	Günther, städt. Obersekretär.*
Magdeburg.	Funk, Stadtrat und Reg.-Rat a. D.*
Mainz.	Dr. Gassner, Oberbürgermeister.*
"	Amend, Rechnungsrat.*
Mannheim.	Beck, Oberbürgermeister.*
Mühlhausen i. Th.	Trenckmann, I. Bürgermeister.*
München.	Hallgarten, Dr. jur.
Nordhausen.	Becker, Bürgermeister.*
Nürnberg.	Jäger, Bürgermeister.*
"	Hesse, Kaufmann, Vorst. d. Gem.-Koll.
"	Marlier, Kaufmann, stellv. Vorst. d. Gem.-Koll.
"	Haas, Kommerzienrat } I. u. II. Schriftführer
"	Wertheimer, Kaufmann } des Gem.-Koll.
"	Elssmann, Magistratsrat.

Nürnberg.	Leuchs, Magistratsrat.
"	Raab, Magistratsrat.*
"	Tuchmann, Magistratsrat.*
"	Hellmuth, Gemeindebevollmächtigter.
"	Cnopf, "
"	Kohn, Bankier.
"	Kullmann, Civilingenieur.
Oberhausen.	Wippermann, Bürgermeister.*
Offenbach a. M.	Brink, Oberbürgermeister.*
Oppeln.	Pagels, I. Bürgermeister.*
Posen.	Künzer, Bürgermeister.*
Potsdam.	Vorkastner, Bürgermeister.*
Quedlinburg.	Bansi, I. Bürgermeister.*
Ratibor.	Bernert, Oberbürgermeister.*
Rheydt.	Dr. Strauss, Oberbürgermeister.*
Reutlingen.	Hepp, I. Bürgermeister.*
Rostock i. M.	Blanck, Senator u. Pol.-Dir.*
Rudolstadt.	Heinrich, Oberbürgermeister.*
Schwabach.	Dümmler, rechtsk. Bürgermeister.
Soest i. W.	Doornkaat Koolmann, Bürgermeister.*
Stettin.	Michalowsky, Stadtkämmerer.*
Stuttgart.	Stockmayer, Stadtrat.*
Worms.	Köhler, Bürgermeister.*
Würzburg.	Ringelmann, Rechtsrat.*

Sach-, Orts- und Personenregister.

(Die Zahlen bedeuten die Seiten.)

Kolibri 360 GmbH
Ferdinand-Jühlke-Straße 7
99095 Erfurt, Deutschland
produktsicherheit@kolibri360.de